玛丽·埃伦·里士满

社会工作全集

The Complete Works of Social Work by

Mary E. Richmond

国家出版基金项目
NATIONAL PUBLICATION FOUNDATION

上海市重点图书

上海文化发展基金会
图书出版专项基金资助项目

童　婚

Child Marriages

［美］Mary E. Richmond ［美］Fred S. Hall 著
洪　佩　主译　费梅苹　审阅

華東理工大學出版社
EAST CHINA UNIVERSITY OF SCIENCE AND TECHNOLOGY PRESS
·上海·

图书在版编目（CIP）数据

童婚 / (美) 玛丽埃伦·里士满
(Mary E. Richmond)，(美) 弗雷德·S. 霍尔 (Fred S. Hall) 著；
洪佩主译. —上海：华东理工大学出版社，2018.6
(玛丽·埃伦·里士满社会工作全集)
ISBN 978-7-5628-5517-0

Ⅰ. ①童… Ⅱ. ①玛… ②弗… ③洪… Ⅲ. ①婚姻法－研究
Ⅳ. ① D913.904

中国版本图书馆CIP数据核字 (2018) 第251761号

项目负责　刘　军　牟小林
责任编辑　刘　军　孟媛利
装帧设计　肖祥德
出版发行　华东理工大学出版社有限公司
地址：上海市梅陇路130号，200237
电话：021－64250306
网址：www.ecustpress.cn
邮箱：zongbianban@ecustpress.cn
印　　刷　上海盛通时代印刷有限公司
开　　本　890 mm × 1240 mm　1/32
印　　张　5.5
字　　数　95千字
版　　次　2018年6月第1版
印　　次　2018年6月第1次
定　　价　56.00元

玛丽·埃伦·里士满
社会工作全集

童　婚

学术顾问

学术委员会

（以姓氏笔画为序）

编辑委员会

译者委员会

总 序

华彩百年学术传道
风云世纪专业流芳

转瞬间，社会工作在国际上已经诞生百年，在中国也已经恢复了三十年。在这值得纪念的日子里，我们欣喜地看到“玛丽·埃伦·里士满社会工作全集”由华东理工大学出版社出版了。作为这一项目的发起人之一，我更关心的是社会工作早期经典著作能否得到我国广大读者的认可，并在相关学术研究中起到推动作用。这不仅取决于学界对西方社会工作历史的回顾，更有赖于专家学者对早期社会工作理论的研究。我愿借此机会对里士满的著作及其基本思想进行简要介绍，并对里士满著作的学术价值及其产生的积极影响简单谈些看法，权当抛砖引玉，希望能够引起学界的关注。

19 世纪中后期，随着第二次工业革命的逐步深入，急速的工业化、快速的城市化对美国的社会结构造成了不小的冲击，一系列社会问题随之而来。失业、低工资、超时劳动、重大疾病……紧紧纠缠着城市中的绝大多数人。而当时美国的收容救护主义的济贫制度并无太大的改善，遭遇困境的人们普遍缺乏筹措资源和重塑生活的能力。玛丽·埃伦·里士满（Mary E. Richmond，1861—1928）正是身处这样一个贫困问题蔓延和重大疾病滋生的时代。里士满是美国慈善组织运动的领导者，更是一位社会工作理论家。在她的推动下，社会工作专业得以产生，她的学术人生体现了一种从慈善事业到社会工作的转变。

具体而言，里士满的社会工作思想，以及其为社会工作专业化所做的努力体现在以下几个方面。

一、学校教育：社会工作产生的必要前提

就早期而言，里士满所做的努力是希望将前人认为有效的方法解释并传承给将来从事慈善组织事业的年轻人。社会工作教育则成了实现这一目标不可或缺的途径。1897 年，里士满在美国慈善组织和整改会议上发表了她的历史性演讲“应用慈善中学校教育的需要”，呼吁模仿厨师、工程师、图书管理员等应用型职业，在学校里开展专业慈善工作的教育和训练，这成为美国专业社会工作教育的最早倡导。在里士满的努力下，1898 年，慈善组织会社开办慈善暑期学校，为志愿者与友善访问员提供了大量暑期研讨会和培训课程，成立第一所社会工作专业训练学校，并最终发展为哥伦比亚社会工作学院。社会工作教育的开展改变了以往社会工作仅依赖自我反省、自我督促，以及其他随手可得的机会进行简单学习的方法，使其逐步发展成高等学校的专业学科门类，并培育了一批思想先进、刻苦努力的职业社会工作者，为社会工作的专业化发展提供了人才储备。这是从慈善工作向社会工作转变的

必要前提。

二、社会关系：社会工作介入的主要对象

作为一门专业，社会工作首先要明确的是自己的介入对象。里士满将社会工作的介入对象定位为案主的社会关系，并指出："社会工作是对司法、医疗和教育的一种补充。"相较于医生、警察、教师等以微观个体为服务对象的职业，社会工作的独特之处就在于其对社会关系的关注。诚如里士满对个案社会工作的定义，"个案社会工作是一种艺术，用以调整个人与个人之间以及个人与社会之间的关系"。虽然社会工作在产生之初强调以个人为中心，但是与一般的慈善工作不同，社会工作并非只是以个人为中心的救济工作，而是一种以社会关系为对象的服务工作。调查、诊断、治疗，社会工作的每一个过程都渗透着社会关系的作用。在社会调查中，社会关系是信息的主要来源；在社会诊断中，我们要把案主放在一种社会关系里来理解；在社会治疗中，社会关系更是我们介入、调适的主要对象。换言之，里士满预设人处于一种社会关系网络之中，社会关系是案主问题的主要来源，而我们要做的就是改善他们的社会关系，以达到个人与社会的良性互动。

三、行动研究：社会工作理论的源头之本

实践是社会工作的本质属性。社会工作的产生与发展无不与实践活动息息相关。从《贫民中的友善探访：慈善工作者手册》到《社会诊断》，再到《个案社会工作导论》……无不是里士满基层实践智慧的结晶，无不是一个从实践经验上升到理论知识的过程。上述著作主要由个案社会工作实践经验和理论知识结合而成，可以说是一种最早的“行动研究”。一方面，书稿的撰写建立在里士满多年主持、组织、从事慈善组织会社工作的基础之上；另一方面，为了超越个人经验，里士满又收集、整理了当时大批社会工作者的访谈资料、工作记录、实践报告，书中的实例都源自美国各地区社会工作者的原始案例记录。在资料梳理的基础上，里士满又对案例的成功或失败之处进行了批判性反思，进而从中提炼社会工作的方法和原则。她还结合当时刚刚兴起的精神分析理论，形成了社会工作自身的理论体系。因而，行动研究可以被看作社会工作方法、理论产生的逻辑起点。

四、社会改革：社会工作不可或缺的重要维度

很多人认为，里士满深受慈善组织会社宗旨的影响，相信造成贫穷的是个人因素而非社会因素。但事实并非如此，当时美国社会改革的热情支配着整个社会，作为慈善组织会社领导人的里士满也认识到这一点，她认为以个人为对象的服务只是一种缓和策略，无法帮助问题得到真正改善，只有"消除贫困"才是根本途径，只有改革社会结构，才能真正解决社会问题，以实现个人的全面解放。1905 年任职费城慈善组织会社期间，里士满发表了"零售法的改革"一文，表明了她的社会工作理念与基本立场。她将以个人为对象的慈善组织会社和社会改革区分为"零售法"和"批售法"，并指出两者之间存在密不可分的关系。可以说，里士满也是一位社会改革的推动者。她批评市政府的腐败，成立宾州儿童劳动委员会，推动儿童劳动法等改革法案的通过；推动设置青少年法庭及儿童局；推动精神衰弱妇女儿童保护机构立案；推动慈善组织建立合作机制；推动社会立法……对里士满而言，推动社会改革也是社会工作不可或缺的一部分。

里士满的《社会诊断》一书（最早于 1917 年出版）被国际学术界公认为社会工作专业化确立的源头之作，曾经风行许多国

家和地区，并被译成多种文字。虽然我国社会工作已经恢复了三十年，但却未能给予社会工作早期经典著作应有的重视和研究。没有哪个专业的发展可以离开对历史的总结与反思。回顾历史经典，可以帮助我们厘清社会工作的理论来源，找到社会工作的方法论基础，做好社会工作的专业定位。正如社会学需要马克思、涂尔干、韦伯式的人物，社会工作也需要对欧美社会工作发展伊始的奠基人物和经典作品进行介绍、研究与反思，从而为我国社会工作的本土化和专业化研究提供翔实的资料。2017年是里士满最重要的社会工作专著《社会诊断》出版一百周年，也是我国社会工作恢复三十周年。在这样一个特殊的时间节点，以“玛丽·埃伦·里士满社会工作全集”的翻译和出版，致敬社会工作专业创始先驱里士满女士，庆祝社会工作专业化确立百年，希望广大学界同仁可以给予足够的重视与关注！

徐永祥

中国社会工作教育协会会长

国际社会工作教育联盟执行委员

“上海高校智库”社会工作与社会政策研究院院长

华东理工大学社会工作系教授、博士生导师

目　录

第一章

导论

所谓“事实”(fact),应该是一些无可辩驳的事情。这就是说,即使某个话题(subject)的基调会受到个人偏见和过多情感因素的影响,与之相关的事实也仍然会保持其固有状态而不会轻易地随大流进行自我泛化。恰巧,婚姻就属于这样的一些话题之一;对于婚姻,几乎所有人都有着他们自己的观点和看法,但却很少有人去探究其中所涉及的事实。通常情况下,那些所谓的从有关婚姻的流行讨论中产生的事实,实际上只是一些关于离婚的统计数字和耸人听闻的细节。尽管离婚与婚姻关系密切,但后者在很多方面都与前者并无关联。因此,在我们尝试获得有关婚姻事实的正确观点时,似乎有必要暂时将这两个主题区分开来。做出这种区分的原因,可能只是为了吸引研究生;但另一个更应该引起广泛关注的客观原因是,我们不可能在离婚这一研究主题上联合起来,却可以通过共同努力来推动我们现有婚姻程序的改革。

在家庭福利协会(family welfare society)——纽约州慈善组织会社的个案工作委员会中,我们首先关注到的是有关婚姻经营的问题。在那里,我们发现许多夫妻关系不良的案例。虽然我们并不能确定所有这些问题的原因所在,并且可以被确定的部分似乎也已经超出了任何技巧能够解决的范畴;但很显然,大量夫妻关系不良的案例都可以追溯到不合理与不作为的婚姻法。

这是一个没有得到充分关注，但却可以客观地进行研究的问题。因此，我们以准备出版美国婚姻法的概要[①]作为开始。这些国家法律通常会显示出广泛的差异性，并且其中一些对于我们这个地域如此辽阔并且社会状况差异性较大的国家来说也是必不可少的。但我们认为，通过改革，更大程度的一致性和社会福利是可以并且应该实现的；而我们首先要做的，就是在每一个地方或每一个州逐步推行改革。

从一开始，现有法律的良好施行似乎就比颁布新措施更为重要，因此婚姻法概要出版后，我们几乎立即开展了一系列实地研究，旨在了解国家在婚姻事务中是如何履行其职责的。这些研究延续了数年，共访问了 28 个州的 90 个城市。通过这种方法，我们收集了一批第一手资料。[②] 此后，我们又通过与这个主题有关的统计数据的研究、在图书馆进行的文献研究以及长期的往来书信资料等对此进行了补充。（我们）目前正在对所有这些（资料）做出进一步的分析，并编著成一本关于国家与婚姻关系的行政方面的书籍。完成这项工作，只能说是开启了一个新

① Hall and Brooke：American Marriage Laws in their Social Aspects —a Digest. New York，Russell Sage Foundation，1919.

② 在其中 83 个城市的调查过程中，是由 Alice M. Hill 负责访谈的。

的研究领域，还需要进行更多全国层面和地方层面的调查来加以补充。虽然许多已经实行的社会改革应该会使得这一研究更加容易，但总体来说，这一领域还未被开垦，尚未有人深入涉足其中。[①] 尽管如此，我们自己的调查应该为这样的一些副主题提供某种事实依据：结婚许可证制度及其起源；从中发现的某些结婚许可证办事处的有效做法应该得到更广范围的推行；目前已知的对婚姻的剥削，如在婚姻市场上或曾经被称为格莱特纳绿原（Gretna Green）[②]的仓促而隐秘的婚姻；世俗和宗教婚姻与整个问题的关系等。

我们关于青少年和儿童婚姻的研究结果与研究的其他部分密切相关，并几乎形成了一个完整的讨论。几经犹豫，我们最终决定，在整项研究成果得出之前先出版其中这几章的内容。这样做是为了使妇女选民联盟（leagues of women voters）、儿童法典委员会（children's code commissions）、家庭福利协会（family

① 我们并不是没有注意到已有的关于婚姻立法方面的研究，尤其是"the recommendations of the Commissioners on Uniform State Laws"和"Howard's monumental History of Matrimonial Institutions"这两项使我们深受启发的研究。但是，到目前为止，我们并未发现任何有组织的团体尝试过对美国婚姻法的实施现状进行系统的改善，也没有任何这方面更为深入细致的研究。

② 格莱特纳绿原（Gretna Green）是英国边界以北的苏格兰的一个臭名昭著的村庄，英国的私奔夫妇们的胜地。如今美国也有一些这样的城镇，外地婚姻在那里也能出乎意料地迅速获得认可和祝福。

welfare societies)、行政协会(ministerial associations)和其他对这一主题感兴趣的机构成员可以立即使用我们的研究事实。但应该注意的是,这些事实与普通大众也有关;并且我们相信,相较于其他公众,它们对于父母而言更为重要。

正是因为事实是无可辩驳的东西,并且有利于减少情绪因素的影响,所以它们也可以让研究变得更加清晰。在我们的研究中,各项主题都充满了悲伤,并且容易引起强烈的公愤。在本书中,我们可能看上去是以一种完全没有情绪的方式对待它们;但实际上,我们还远没有如此冷漠。我们在呼吁事实的同时也有信仰,但我们更愿意让它们进行自己的辩论。

任何曾经为一项实际改革奋斗到底的人都会对这样一种普遍的反对意见感到熟悉,即特定的措施只是另一个更大问题的一部分。但由于这些批评很少能起到什么补救或预防作用,因而最终都会变得无关紧要。当然,良好的公共管理既不是婚姻改革的开始也不是结束。良好的传承、良好的早期训练、明智的教育措施等,都在使婚姻成为一件更加可行的事情中发挥着重要作用,并且所有这些都不能被忽视。但是很多人仅从国家及其代表处获得了一段时间的教育。我们的公务员对广大公民们的想法和行为也毫无影响力。因此,当我们面对这样一种观点，即认为将时间浪费在有关人们日常生活领域（在其中，本能是被控制的）的法律及其实施上是愚蠢的，我们最好能仔细地研究一下这个论点。

事实上，婚姻制度在某种程度上是基于本能的，且这种本能与自我保护的本能和好斗的天性同样强烈。但是，这种本能不仅受到物质环境的控制和重塑，而且还受到许多代代更迭变换的社会传统的影响。这种形塑社会的力量——卡尔·桑德斯（Carr-Saunders）及其之前的霍布豪斯（Hobhouse）均以“传统”（tradition）一词来定义其特征，而格雷厄姆·瓦拉斯（Graham Wallas）则运用了“社会遗产”（social heritage）这个词——既是文明的起源，也是其得以发展的主要方式。尽管传统是我们与生俱来的遗产，并且这种遗产比任何其他物理条件都更加完全地成为我们以及我们所处环境的一部分；但是，传统并不限于我们在使用这些词语时所代表的遗产或环境。在我们稍后关于父母同意与婚姻之间关系的讨论中，将会说明社会遗产是如何塑造下一代的。从历史发展的视角来看，父母对于婚姻所拥有的权威显然经历了专横和自私等所有可能的阶段；然而，随着亲子关系的进一步发展，有关这一点依然没有得出任何有感情或者有智慧的结论。此外，如果还有人认为，生物的性本能在世界上有其独有的不受干扰的方式，那就让他读读韦斯特马克

(Westermarck)的《人类婚姻史》修订版,特别是"结婚率与结婚年龄"和"作为结婚条件的诸方意见"[①]这两章。

一个关于社会传统的有趣事实是,它不仅是累积性的,而且它还能够以时而快、时而慢,但不会超出我们所处时代的速度发生变化。在这方面,传统或社会遗产非常类似于风俗,这是它的第一个表亲;还有习惯,则是它过去已消失的表亲。韦斯特马克说:"社会习惯有成为真正社会风俗的强烈倾向,也就是说,除了成为习惯之外,它们还要成为行为准则。"[②]

最成功的习俗变化的社会过程被称为替代。一个简单的关于替代的事例如下:在一座拥有完善的工厂制度的城市中,却没有义务教育法或童工劳动法,甚至在州层面也没有相关的法律;几年前,在这座城市工作的社会工作者发现,其中的德裔美国人长期以来形成了把孩子们带出校园,并在他们获得批准后就使其投身于工作的习俗。在这之前,他们的工作一直是在家里的;但当工厂的大门开放以后,"批准"和"工作"之间的旧有关

① Westermarck, Edward: The History of Human Marriage, fifth edition, rewritten. London, Macmillan and Company, 1921.

② 对于从不同角度延展开的社会遗产问题,请参见 Carr-Saunders 的《The Population Problem》, p. 437; Graham Wallas 的《Our Social Heritage》和 W. F. Ogburn 的《Social Change》。在最后一卷会发现一个有趣的关于替代过程的讨论。

系仍然在家庭没有经济压力的情况下得以延续，因为德裔美国人一直是一个节俭的群体。孩子们在12岁甚至12岁之前就会“进行第一次圣餐”，然后进入工厂。解决这个社会问题的方法是在义务教育法的帮助下找到的，即要求孩子们留在学校，直到一定年龄或完成一定等级的学业（才能离开学校）。在这里，我们用进一步的学习替代了有偿工作——以一个习俗替换另一个。

如今婚姻法的行政改革也必须寻求类似的解决办法。没有经过一系列仔细的调整和修改，仅仅依靠童工领域的法律（无论是对社会还是婚姻法的实施方面）都不会有太大的效果。对于后者，关于其与青少年婚姻的关系，在后面的章节中会有所提及。

无论是在行政区域相对较小的地方，还是在人口特征同质性较高的地方，我们都会发现，一些风俗替代另一些风俗通常都是以最小的阻力和最低的失败率完成的；但是，即使在纽约这种人们有着不同传统和文化背景的大城市，我们也会看到，仅用了一代人的时间，通过国家法律的实施和相应的监督机制，人们就普遍接受了义务教育和禁止（雇用）童工（的规定）。应该指出的是，这种接受是通过那些对儿童福利特别感兴趣的群体相互之间的密切合作而达成的。在此，我们借用奥格本（Ogburn）教授的专业术语“风俗替换”作为实地研究的起点（这在过去二十年的社会努力中已经得到了多次证明)。

在我们的婚姻法概要即将出版的时候，美国统一州法律委员会(the Commissioners on Uniform State Laws)关于规范化管理婚姻的法律议案已经被允许绝版。在这个问题上，进一步说明公众冷漠的事实是，在全国14个州中，女孩仍然有可能在比被允许成为“打工族”的年龄更早的时候结婚。在这些州，女孩的结婚年龄一直是一个不被关注的问题，它们的教育机构与儿童福利机构也使得儿童离校年龄和开始工作的年龄变得毫无意义。在童婚问题上，无论是这些州还是其他地方，仍然没有任何一个群体对现行法律的社会效应及其在结婚许可证办事处中有必要进行日常调整予以重视。这种状态还会延续多久呢?

第二章

结婚年龄

在本项研究中，最低结婚年龄[1]的话题得到了讨论，其中很多人都对于这一现象感到震惊：目前我们仍然有 14 个州[2]的法定最低结婚年龄为男性 14 岁、女性 12 岁；并且一旦达到这一年龄，只要他/她的父母同意，任何未成年人结婚都是得到国家许可的。实际上，这些州正在考虑将所有年龄超过最低标准并且低于 18 岁或 21 岁的孩子的结婚决定权交给父母；然而，正如稍后将会呈现的，州代表们几乎毫无痛苦地发现，对于所有达到父母同意结婚年龄的未成年人，他们都被给予了父母同意。

整项研究课题不仅涉及童婚，而且还关乎这样一个事实，即青少年婚姻问题事实上远比我们在实地调查之前已经意识到的要复杂和紧迫得多。这里使用的“青少年婚姻”[3]一词，指的是男孩在 19 岁及以下的年龄结婚或者女孩在 17 岁及以下的年龄结婚，而采用“童婚”一词，则是为了进一步描述那些女孩在 15 岁之前、男孩在 17 岁之前就缔结婚约的青少年婚姻。

---

① 我们使用“最低结婚年龄”一词的意义，见第 53 页脚注。

② 这些州包括：最低结婚年龄由法令条文规定的肯塔基州、路易斯安那州和弗吉尼亚州；根据普通法做出司法裁决的佛罗里达州、缅因州、宾夕法尼亚州、罗得岛州和田纳西州；以及假定普通法适用的科罗拉多州、爱达荷州、马里兰州、密西西比州、新泽西州和纽约州。

③ 我们使用“青少年婚姻”而不是“早婚”，主要是因为“早”常常与“晚”相对应。在成年后的“早”婚——在二十世纪二十年代初期——甚至是令人向往的。

女孩中青少年婚姻的现象比男孩更加常见，所以我们大部分章节的讨论和数据都与女孩的婚姻有关。在分析1920年的人口普查数据时，必须把“15至19岁的已婚女性”包括在内，这是我们常用的衡量标准；但是出于其他目的，我们还是遵循刚刚提到的年龄分类。

在世界历史中曾经有一些时代，青少年婚姻尤其是女性青少年婚姻是普遍存在的；而且直到今天，在全球的某些地区，找到一位过了青春期年龄的未婚女孩也将是令人十分意外的。例如，一名高级印度教徒会觉得有这样一个孩子将是父亲的耻辱。“在一些严格规定的教义中，她的未婚状态会给三代祖先带来回溯性的诅咒。”[①]追溯西方文明是如何摆脱这一传统的进程，显然已经超出了目前这本小册子的范围。但我们在实地考察中发现，与青少年婚姻有关的法律意图同实际的实施结果之间存在很大的差距；我们也访问了一些立法者、行政人员和神职人员，他们仍然相信，任何一个女孩到了青春期年龄就可以结婚了。因此，我们不能理所当然地认为童婚只是过去的事情了。但是，在讨论我们当下发现的这些现象并提出改进的建议之前，似乎有必要简单地回顾一下有关这个问题的理论知识。现有，有哪些关于童婚对身体造成影响的有效证据？哪些因素决定了适婚年龄？以及这两个问题的答案对于国家对童婚的责任这一议题

① Westermarck，Vol. 1，p. 379.

造成了什么样的影响？婚姻制度的出现比婚姻法要早得多，法律必须谨慎行事并尊重前者。某些群体仍然认可这样一种观点，即科学定义的理想最低结婚年龄可能远远晚于现实中的最低结婚年龄，而理想的最低结婚年龄是需要逐步实现的。

即使具有单一的指向性，生理方面的证据也不是决定性的；这个问题还有相关的气候和地理等方面的因素；种族问题也包括在内；尤其重要的是，还涉及传统、风俗和已经提到过的当前的流行文化等因素。其中，最后三点也许可以归纳为"社会"这一词。从这些不同的观点来看，我们可以从中得出什么结论？基于目前我们已拥有的有限知识，为了确保调整结婚年龄的法律条文得以更有效地实施，哪些反驳意见、修改意见和行政保障措施是必须考虑到的？当然，人们也认识到，美国父母的个人标准往往比任何法规中体现的要更加好；但即使对于这些父母而言，一部有效实施的合理法律也可能在一些不可预见的紧急情况下发挥重大作用。

一、生理层面

在东印度的某些省份以及许多非洲部落当中，即使是青春期之前的婚姻与同居也并不罕见。[①] "究竟早期性行为对生殖

① Westermarck, Vol. 1, p. 380.

器官及其功能产生了什么样的影响，其实并不明确，"卡尔·桑德斯说道，"然而，众所周知的是，早期性行为对健康是有害的；而且一般来说，如果真的是这样，生殖功能将受到不利影响也是不难理解的。"①

对于母亲非常年轻的婴儿来说，他们的存活率比母亲年龄较大的婴儿更低。美国儿童保护局（United States Children's Bureau）于 1915 年在巴尔的摩进行的一项研究表明，母亲年龄低于 20 岁的孩子相较于母亲年龄在 20 至 25 岁的孩子而言，其死亡率会更高。② 这一研究发现虽然不适用于黑人，但是无论对于本地白人母亲还是在国外出生的白人母亲而言都是适用的；并且，对于初生子女和后来出生的子女同样适用。

在回答我们提出的"什么年龄的生育行为对母亲和孩子具有最大的生理优势"这一问题时，哈佛大学生理学教授加农（Walter B. Cannon）博士表示，就他目前所知，对于这一问题尽管已经有了很多相关的见解，但在没有进行充分的研究之前，仍然没有一个确凿的科学答案。"然而，一般来说，"他补充道，"生

---

① Carr-Saunders, A. M.: The Population Problem, p. 103. Oxford, Clarendon Press, 1922.

② Rochester, Anna: Infant Mortality, pp. 137 and 341. Children's Bureau Publication No. 119, United States Department of Labor. Washington, 1923. 所引用的数据仅适用于婚生子女。

物学家都知道，婚姻不应该在生理的快速增长期结束之前进行，因为这种增长对生物有机体有着很高的要求。生育行为在青春期之后就成为可能，但在身体条件拥有足够的时间完成快速增长期内无法实现的活力储备之前，这在生物学上并不具有优势。”

加农博士解释说，关键问题在于要去探究美国女孩通常是在哪一年龄段实现这一增长，以及在这之后她们需要多长时间才能有机会获取足够的活力。他注意到一个表明妊娠期间精力消耗对母亲生命力造成影响的迹象，即当母亲怀上另一个还未出生的孩子时，她照顾前面一个孩子的能力呈下降曲线。

我们所获得的有关美国年轻人身体发育的最大数据库，是来自艾奥瓦大学鲍德温(Bird T. Baldwin)教授的人体测量学研究。[①] 基于一组针对同一群儿童进行的连续反复测量数据以及其他一些数据来源，鲍德温开始了一项很多年前就完全切实可行的尝试，以新的评级方法代替现行的用于入学、工作和向未成年人发放结婚许可证等的时间顺序标准。也就是说，当有足够的数据时，我们的评级就可以基于孩子或年轻人的生理和心理年龄。然而，目前来看，尽管鲍德温或其他类似的研究结果有

① Baldwin, Bird T.: The Physical Growth of Children from Birth to Maturity. University of Iowa Studies in Child Welfare, Vol. 1, No. 1, 1921.

可能在使用中具有更强的灵活性，但我们仍须继续依赖按时间顺序排列的年龄评级方法。

可以预期的是，鲍德温的数据显示，即使在正常发育的儿童中也存在显著的个体差异。下面呈现一部分在他的研究结论中显示的这些差异。

青春期年龄。从全国四个不同地区收集的数据来看，女孩的青春期年龄为 10 岁至 16 岁、17 岁不等，男孩的青春期年龄则为 11 岁至 16 岁不等。[①] 在艾奥瓦的学校，女孩青春期的平均年龄是 13 岁 7 个月，在马里兰州的巴尔的摩是 13 岁 8 个月，在纽约和芝加哥的学校是 13 岁 9 个月。[②] 此外，来自乡村和小城镇的男孩、女孩比居住在城市的男孩、女孩多少要发育的早一点。[③]

性别之间的差异。从 7 岁到 17 岁，女孩的身体发育速度(较男孩)明显更快。7 岁的时候，女孩会先于男孩进入发育阶段，并且将持续处于领先地位，所以 12 岁的女孩与 14 岁的男孩实际上处在同一成长阶段。[④] 鲍德温列举了他做的一项针对龙凤胎的测试：从解剖学上来看，女孩莎拉(Sarah)比她孪生兄弟

---

① Baldwin, p. 188.

② Baldwin, p. 190.

③ Baldwin, p. 191.

④ Baldwin, p. 164.

塞缪尔(Samuel)的发育要早两年,并且“在接下来的三年内,她除了头部以外的测量数据都将超过塞缪尔”。[1]

从上述说明中,我们找到了英国普通法已经确定的,以及我们的大多数州都实行的“女孩最低结婚年龄与男孩最低结婚年龄之间相差两岁”的科学依据。

尽管生理方面的例子尚不完整,但是以我们目前已经能够掌握的证据来看,它们基本上都倾向于反对在青春期结婚,且无论对于男性还是女性而言都是如此;同时也反对女孩在16岁之前结婚;并且,虽然不是最终结论,但总的来说,都反对女孩在18岁之前、男孩在20岁之前结婚。尽管基于广泛的个体差异而产生的数据对我们而言很重要,但在这一点上,成倍地增加官方和参照数据似乎并没有必要。这些差异的存在重新强调了尽可能地在法律范围内酌情处理的需要;而且,基于此,慎重起草我们的婚姻法其实是众望所归。正如许可证颁发者必须做的那样,在针对特定案例得出结论时,平均水平具有一定的价值,但也有其危险。没有人会“在他有机会深入了解特定事件的内部原因后还运用概率论的方法”。[2]

---

① Baldwin, p. 187.

② Sidgwick, Alfred: The Application of Logic, p. 69. London, Macmillan and Company, 1910.

二、气候与地理层面

对一个国土界限从北纬 25 度至北纬 47 度的国家而言，除了与这一主题直接相关的生理方面，还必须考虑到气候对青少年婚姻的影响。并且，在我们这样一个有着众多外国人口的国家，也不能忽视种族的影响。在我们的研究主题中，生理和种族可以归属于有机层面；气候和地理则归属于无机层面；与此同时，所有那些塑造个人生活并影响婚姻习俗的各种传统、民俗、宗教或世俗因素等，都可以归属于超有机层面或社会层面①。

一般来说，一个地方的气候越热，女孩成熟得就越早，并且整个成熟期也越短。然而，有必要区分自然气候和人造气候。我们自己的暖房和保暖的衣服，拉普人或因纽特人温度过高的小屋，显然就是这个规则的例外。同样，“海拔高度与纬度也都会产生影响。北方低处与南方高处的平均气温相近。例如，秘鲁平原的印第安人 9 岁进入青春期，而高山的印第安人 14 岁进入青春期”②。

---

① 用这三个术语来表征这三个层面，这种用法来自沃尔本(W. F. Ogburn)教授。

② Steinach and Kammerer: “Klima und Mannbarkeit,” in Arcbiv fiir Entwicklungsmecbanik der Organismen, Vol. 46, pp. 391 – 458. Berlin, 1920.

有当局声称美国是这个规则的例外，但是他们得出这种观点所依据的数据似乎并不充分。事实上，1920 年的人口普查依据年平均气温将各个州划分为四个区域，并由此对青少年婚姻进行了一些粗略的分析。表 1 列出了分析结果。

表 1　美国四个气候区已婚女孩的百分比

（仅包括 15 至 19 岁，父母为本地人的本地白人女孩）

区　域	年平均气温	已婚百分比(%)
最冷区域	35 ℉～45 ℉(1.67 ℃～7.22 ℃)	7.5
较冷区域	45 ℉～55 ℉(7.22 ℃～12.78 ℃)	10.9
温暖区域	55 ℉～60 ℉(12.78 ℃～15.56 ℃)	17.6
最温暖区域	60 ℉～75 ℉(15.56 ℃～23.89 ℃)	17.8

上述表格消除了种族的影响。其他可能影响这一结果的因素中，最重要的可能是大城市、小城镇和农村地区之间青少年婚姻发生频率的差异；在后者中，低龄婚姻发生的频率更高。但是至少在某种程度上，可以从我们的计算中消除这种影响。按照这种方式，对所有人口在 10 万以上的城市(按地理位置而不是等温划分)的相应数据进行对比分析，结果显示，青少年婚姻的比例与表 1 相似。也就是说，青少年婚姻在南部大城市比在北部大城市更为常见。

温暖气候区的人比寒冷气候区的人结婚更早这一迹象，也体现在意大利政府最新发布的婚姻统计数据中，这一数据消除了意大利参与欧洲战争的影响。1914 年，意大利王国从北部到南部的青少年婚姻占全部婚姻的比例如表 2 所示。

表 2　意大利 1914 年各地区 20 岁以下的新娘占全部新娘的比例[a]

地　区[b]	不同年龄段的新娘占全部新娘的比例(‰)	
	15 岁以下	15 至 20 岁
皮埃蒙特	—	296.7
伦巴第	—	250.2
威尼斯	—	225.0
利古里亚	—	253.7
艾米利亚	—	256.4
托斯卡纳	—	249.0
马　凯	—	268.3
翁布里亚	—	238.6
拉齐奥	—	229.3
阿布鲁佐和莫利塞	0.3	325.7
撒丁岛	—	231.1
坎帕尼亚	0.3	266.1
阿普利亚	0.4	325.0
巴西利卡塔	0.3	462.1
卡拉布里亚	1.2	447.0
西西里岛	1.2	413.8

注：a. Direzione Generale della Statistica e del Lavoro，Movimento della Popolazione，nell' anno 1914，p. 24. Roma，1917.

b. 大约同一纬度的省份或地区划分为一组。

气候可能被认为与空气的温度和湿度及风量和降雨量有关——对于天气而言是这样，或者这种关系也同样适用于纬度、水流和土壤的性质；总之，与一个地区的自然地理环境密切相关。在后者的意义上，美国南部的高地对气候、地理和青少年婚姻之间的关系做出了很好的说明。如果海拔是唯一需要考虑的因素，那么他们的结婚年龄应该更晚。但是，我们无论在哪里发现影响沟通的天然屏障，以及被这些屏障所隔离的城镇和村庄，我们就有可能在那里发现青少年婚姻现象。这在很大程度上是由于这些地区与那些拥有更加多元化的娱乐方式、职业以及丰富教育资源的外部世界存在沟通上的困难。贯穿弗吉尼亚州、肯塔基州、田纳西州和北卡罗来纳州的阿巴拉契亚（Appalachian）山区，一直保持着古老的传统。该地区几乎没有黑人，约翰·坎贝尔（John C. Campbell）对这一山区的白人做出了这样的陈述：

一般来说，高山地区的结婚年龄要更早。一个女孩在 18 岁的时候是单身，20 岁的时候就出现在“剔除列表（cull list）”当中了。尽管越来越少见，但十二三岁的学生离开学校去结婚这一现象仍然存在。

对于单身的女人来说几乎没有什么舒服可言，尽管她可依靠她的男性亲属或已婚女性亲戚，但她们仍然身负艰巨的生活任务，人们都会认为她是失败的。“你没有结婚，”一位山里的有许多孩子的母亲对一名来自远方教会学校的（女）老师说，“而且你看起来没有很在意它。”①

以下内容来自一封 1922 年 4 月从肯塔基州寄出的信件：

一名在矿山工作的 18 岁年轻伙计要与 14 岁的 K 结婚。B 小姐承诺给每一位直到 18 岁才结婚的女孩一场在松山学校（the Pine Mountain School）举行的婚礼以及一份结婚礼物。

三、种族层面

“尽管与我们预先知道的相反，”埃尔斯沃思·亨廷顿（Ellsworth Huntington）说，“但显而易见的是，所谓的种族特性其实就是自然环境对我们一代又一代人的影响。②”虽然没有完

① Campbell, John C.: the Southern Highlander and His Homeland, pp. 133 and 127. New York, Russell Sage Foundation, 1921.

② Huntington, Ellsworth: World Power and Evolution, p. 227. New Haven, Yale University Press, 1919.

全接受亨廷顿关于气候与种族之间关系或气候与人类的经济、政治和社会福利之间关系的广泛论述，但我们的研究似乎表明，美国的新环境不仅对移民的一般特征，而且还对他们以及他们的孩子在什么年龄段结婚有着显著影响。

表 3 呈现了 1920 年的人口普查数据，表明这种影响并不仅仅限于某一个州；而且，就差异性而言，是全国性的。

在有关这个表格的讨论中，为了更加简便，我们将第一组称为“本地女孩”（父母是本地的本地白人），将第二组称为“第二代外国女孩”（父母是外国人的本地白人），将第三组称为“外国出生的女孩”（外国白人）。该表显示，外国出生的女孩比本地女孩结婚要早一点。就全国而言，这种差异性较小——前者的比例为 14.3%，后者的比例为 13.3%[①]——但在除南部一些州之外的几个区域，则显示出了更大的差异性。这种差异并不奇怪，因为早婚在一些出生于外国的女孩所在的国家十分普遍；而且她们来到我们这个国家的时间太短，还不足以显现新环境造成的影响。事实上，有些人甚至可能在来到这里之前就已经结婚了；与其他因素相比，她们的民族传统占据明显优势。但国外的早婚

① 一组相似的对照为，每 10 000 名 13 岁和 14 岁的女孩当中，外国出生的女孩结婚比例为 41.5%，而本地女孩结婚的比例为 28.3%。由于不同地理区域中这些年龄的数据无法获得，因此我们的表格将年龄限制在 15 至 19 岁。

习俗并没有从第一代移民中传承下去。在第二代外国女孩中，已婚的比例只占6.3%，而在外国出生的女孩的已婚比例为14.3%。

表3 国内不同地区的青少年婚姻

1920年人口普查中15至19岁已婚女性的比例(%)

地区	全部	父母是本地的本地白人	父母是外国的本地白人	外国白人	黑人
新英格兰	6.2	6.8	4.1	11.0	11.9
中大西洋	8.0	8.4	5.9	11.7	16.9
东北中部	10.1	11.0	6.4	15.0	23.9
西北中部	9.7	11.1	5.5	13.7	19.4
太平洋	12.0	12.3	9.0	19.2	17.5
高山	13.8	13.6	10.7	24.4	22.2
南大西洋	16.9	16.3	9.2	17.5	18.7
东南中部	19.6	19.2	7.8	19.0	21.0
西南中部	19.0	18.5	13.4	23.6	21.9
纽约市	5.3	5.5	4.0	7.2	15.3
全国	12.5	13.3	6.3	14.3	20.0

我们认为，两代人之间之所以出现这种差别的主要原因在于，欧洲大陆和墨西哥对这个年龄段女性工人的有效工资需求缺乏考虑，而这个需求在我们国家得到了考虑。

表3体现出来的另一种差异更加难以解释。数据表明，外国出生的女孩所遵循的青少年婚姻习俗在第二代外国女孩当中

已经发生了改变，她们实际上比本地女孩结婚更晚。这种差异是惊人的：15至20岁结婚的本地女孩的比例是13.3%，而第二代外国女孩的这一比例仅仅只有6.3%。[1] 这种差异不能简单地解释为是由于越来越多的本地女孩生活在青少年婚姻较为常见的农村地区，因为相似的差异性在全国66个最大城市中的55个城市都有所体现。在一些城市比如纽约，这种差异性很小，相关数据在表格中已有所呈现；但是在另一些城市比如大溪城，这种差异性则非常大，本地女孩的已婚比例为9.6%，而第二代外国女孩的已婚比例为4.2%。因此，即使在城市，第二代外国女孩一般也比本地女孩结婚要迟。这一事实与第二代外国女孩比外国出生的女孩结婚更迟有着相同的原因。在这两组对比当中，结婚年龄的差异似乎都与她们对工资需求的不同反应有关。

1920年，45.2%的第二代外国女孩已经高薪就业，而本地女孩的这一比例只有25.0%。[2] 我们咨询了一些了解第二代外国人的人们。他们认为，由于处在不同的社会地位，现行工资需

① 对于13岁和14岁的女孩而言，存在着相似的差异。在每10 000名女孩当中，本地女孩结婚的比例为28.3%，而第二代外国女孩结婚的比例为14.8%。

② Census of the United States for 1920. Abstract of Occupation Statistics, p. 562. Washington, 1923.

求的确对第二代外国女孩和本地女孩产生了完全不平等的影响。本地女孩可以通过很多途径获得高度的社会认可，但对于大多数外国人和他们的孩子而言，似乎只能通过进入那些有利可图的职业才能实现。诚然，对于外国人来说，经济上的需要也是一个非常重要的因素，但是经济上的需要和机会带给她们的是同一种结果——远离青少年婚姻。因此，一个生活在移民前国家的女孩也许在第一次机会来临时就已经结婚了，而现在则至少需要推迟几年结婚，她们自己往往也希望这样做，以帮助她自己和她的家庭建立更加坚实的经济基础。

鉴于表3中显示的黑人青少年已婚比例较高，有必要记录这样一个事实，即在北卡罗来纳州、南卡罗来纳州、亚拉巴马州、肯塔基州和俄克拉何马州这五个州中并没有保持全国各地都普遍呈现的差异性。人口普查的数据显示，在这些州中，相较于黑人女孩来说，白人女孩结婚的比例更高。同样，我们在亚拉巴马州三个地区的实地工作者收集的数据以及亚拉巴马州卫生局(Board of Health)报告的数据[①]也明显地显示出了同样的倾向。在这里，我们并不想解释这些相互矛盾的结果，但是我们并不认为大多数关于黑人婚姻状况的人口普查统计数据可以用于确保

① Annual Report of the State Board of Health of Alabama for 1918, p. 66.

其准确性。与其他种族群体相比，黑人的家庭生活仍然缺乏稳定性。这种不稳定性完全可以用种族的历史来解释，并且很可能没有任何人口普查数据能够还原他们这一阶段生活画面的真实境况。

四、社会层面

当我们转向青少年婚姻的超有机层面时，就会发现我们自己朝向这样一个领域努力，即现行法律的良好运行有利于实现有益的结果，而不合理的运行则会极大地阻滞社会进步。但占据我们社会生活很大一部分的传统和习俗，不仅仅是被这些有意用于改变风俗习惯的社会经验塑造而成。它们已经并将继续由宗教信仰、职业标准和工业条件、住房条件、新定居国家的开拓性生活、战争的迫切需要、和平稳定的教育与有组织的娱乐等因素所塑造；最后但并非最不重要的，也受许多农村家庭分散居住的状态所影响。这种状态在多种沟通交流形式中都有所体现——铁路、邮政、电话和电报、报纸、汽车等；并且所有的塑造和重塑过程与婚姻习俗之间都有着比人们普遍认为的更加密切的关系。

以南部高原为例，地理隔离似乎是延续低龄青少年婚姻的主要因素。值得注意的是，国家教育委员会（State boards of education)和其他公共福利机构正在磨合，以克服这个地区的落后。但是，我们发现，其他形式的隔离和障碍也如同高山一样自有其效。因此，尽管没有被任何自然障碍所隔离，但许多早期在宾夕法尼亚州定居的德国后裔（俗称宾夕法尼亚州荷兰人）在过去就已经成功抵制过类似于公立学校、选民票和报纸等这些典型美国制度的影响。这是一种固有想法和传统习俗的孤立，曾经并将继续使他们在一定程度上成为一个特殊的群体。也许，促使他们来到这个国家的原因是宗教迫害和毁灭性的战争；他们中的许多人尤其是农民，顽固地坚持着自己的语言、习俗和十七世纪关于两性关系的观念。

生活在乡村地区的人们比生活在城市的人们结婚更早这一事实已不止一次地被提及。这种现象是一个广泛的社会问题。在城市中，制造业的发展以及曾经提到过的将妇女纳入工薪阶层，更加多元化的利益来源，更好的就学和休闲机会，以及提高生活水平的压力，都倾向于推迟结婚年龄。相比之下，农业更有利于青少年婚姻。在过去推迟结婚年龄的职业条件中，可能会提及现在正在迅速消失的旧式学徒制和家政服务。工业萧条时期，结婚率会明显降低，但工业复苏则会带来结婚率的相应增长。在大型工业社区出现之前的其他时期，欧洲的结婚率据说与玉米的价格成反比。

在欧洲战争时期，很多女孩都是在青少年时期结婚；尽管同一时期美国的城市发生了住房短缺问题，并且后来在一定程度上导致了结婚年龄的推迟。因此，战争期间和战后的状况对婚姻统计是有干扰的，并且这种影响并未在1920年实施的人口普查中得到完全克服。战争所造成的总体影响是，通过促使原本在任何情况下都会发生的婚姻，以及造成在其他情况下可能永远不会发生的婚姻，使得人口普查中15至19岁和20至24岁年龄组的已婚女孩数量远高出正常比例。

不过应该指出的是，自1890年以来，15至19岁和20至24岁年龄组的已婚比例①就已经在稳步上升；并且至少有一部分上升是由于现在各个年龄段结婚的人都比那个时候要多。这与普遍流行的印象恰好相反，即人们认为结婚年龄比以前推迟了，并且更多的人保持单身。确实，并不是全国各个地区的结婚率都在上升；相反，在某些地区，这种比例还存在相当大程度的降低。对于全国已婚人士的比例相对于单身人士而言在增加这一事实，我们无法给出解释。但是，如果我们可以通过婚姻统计数据将其划分为好的时期和坏的时期，作为这种增长的一个非常重要的因素，我们应该倾向于指出美国自1890年以来在物

① 这种对比包括了丧偶的、离婚的和已婚的。

质丰富方面取得的显著进步，以及这一时期结束时比开始时更加广泛的繁荣景象。

在某些孤立的美国社区，我们不仅仍然发现了非常低龄的婚姻，而且还发现了很多在一个家系中表兄弟姐妹之间近亲结婚的现象，甚至有时候，一个村庄里四分之三的村民都有着相同的姓氏。然而，铁路、汽车、电话、电报和报纸等通信工具的增加，不仅意味着更加丰富的食品供应、更优胜的文化优势和各种思想的萌芽，而且也带来了更广泛的选择，某种程度上很可能是延迟的但更好的伴侣选择。

五、最低结婚年龄应该是多少

之前已经提到过，有 14 个州的女孩最低结婚年龄只有 12 岁。① 有 9 个州是 14 岁②，8 个州是 15 岁③，17 个州是 16 岁④；

---

① 见第 26 页第二个脚注。

② 亚拉巴马州、阿肯色州、哥伦比亚特区、佐治亚州、艾奥瓦州、北卡罗来纳州、南卡罗来纳州、得克萨斯州、犹他州。

③ 密苏里州、明尼苏达州、北达科他州、俄克拉何马州、俄勒冈州、南达科他州、华盛顿州、威斯康星州。

④ 亚利桑那州、加州、康涅狄格州、特拉华州、伊利诺伊州、印第安纳州、堪萨斯州、马萨诸塞州、密歇根州、蒙大拿州、内布拉斯加州、内华达州、新墨西哥州、俄亥俄州、佛蒙特州、西弗吉尼亚州、怀俄明州。

只有一个州，即新罕布什尔州，是 18 岁。在与不同的人讨论这些差异时，我们有时会碰到这样的观点，即童婚避免了非法和不道德，甚至提供了补救。换句话说，我们被要求接受这样一个传统观念，即一个足够成熟的孩子是可以结婚的，因为他很可能成为或已经成为被父母忽视甚至是残酷虐待的受害者。“在我们这个城市中，外国人有很多不道德的行为，”一名社会工作者报道说，“而如果他们能够在 15 岁之前结婚，这些不道德就有可能被消除。”认为借助早婚可以轻易消除不道德并获得有益于健康的生活，这是一种天真的观点，而我们不能人云亦云地为毫无依据的事情发声。

家庭事务法庭(domestic relations court)的一名法官对于什么构成道德有着更为现实的观点，他对我们的实地研究人员说道：“总会有不道德的行为发生，但是结婚年龄对此只有很小的甚至是没有任何影响。”一些接受采访的神职人员(虽然只占少数)似乎已经接受了这样的理论，即结婚年龄只是一个简单的青春期问题。“低龄婚姻，”其中一位神职人员讲道，“不会有什么问题。”另一位神职人员则提出了一个自信的结论：“我们的优秀立法者，同时也是女孩们的父亲，已经调查了这件事情，并且已经断定目前的最低结婚年龄(他所在的州女孩为 14 岁)是最好的。”然而，大多数人的观点正如一位新教神职人员所说的一样：“在 18 岁以前，一个女孩还没有成熟到足以结婚。她并不清楚自己的想法。”另外，有两位罗马天主教神父向我们强烈表达了他们对这个问题的看法。“我在传道时反对 18 岁以下的婚姻，并与他们（同意 18 岁以下婚姻的人们）辩驳，”他们其中的一位说，“在那个年龄之前结婚的女孩负担过重，并且会在几年之内精疲力竭。我认识的一个女孩是在 15 岁时结婚的，19 岁之前，她就已经有两个孩子了，并且已经在医院做了很多次手术。她是在另一个教区结婚的。”“女孩在 18 岁之前，无论是在生理上还是心理上，都没有做好结婚的准备，”另一位神父说，“但如果结婚年龄被定为 18 岁，则需要向人们仔细解释做出这种改变的原因。”

对于上述论调，行政官员们有一些其他的反对理由。“孩子不应该在 14 岁结婚，”一名旷课调查员说，“夫妻在一起生活几个月，可能就会有一个孩子，然后他们会分开。”“如果女孩不在 18 岁之前结婚，”一位许可证颁发者说，“老夫少妻的婚姻可能会更少。”而另一位许可证颁发者则注意到：“即使是得到了父母的同意，非常低龄的婚姻也会使得双方的结合关系贬值，同时损害婚姻的严肃性。”

但是，青少年婚姻最重要的方面之一，同时也是现在认为的一个关键点，即女性在家庭之外日益增长的影响力以及在家庭内部不断增加的权力还尚未被触及。无论是否从理论层面来讲，我们所提及的女孩在青少年阶段的早中期结婚，事实上在两性关系中一直是不民主的。在这样的关系中，丈夫一般比他的新娘要年长，而且通常是年长很多；并且丈夫要照顾妻子，成为妻子的守护者和导师。将一个未成年女孩从原生家庭的监护转移到她后来进入的家庭的监护，在这个后进入的家庭中，她似乎是两个平等的伴侣之一；但这不可避免地会削弱她及其伴侣的个性，也使得他们不可能知道婚姻关系中真正的伴侣的意义。

在本项研究进行期间，我们痛苦地咨询了一些有着游览多个城市的经历的人们，在他们看来，最低结婚年龄应该是这样的：无论是否获得父母的同意，任何一个低于这个年龄的女孩都不能获得结婚许可证。在此，我们总结了 113 份回答。这些看法并不是通过调查问卷收集上来的，而是在所谓的关于婚姻法及其实施的广泛谈论过程中获得的。我们总结的这些看法所涉及的 113 个人全部分散在 20 个州的不同社区中，他们或负责婚姻法实施的一部分，或被安排完好地记录其实施结果。他们所建议的最低结婚年龄如表 4 所示。

表4　113人所建议的最低结婚年龄

建议的最低结婚年龄	人数(人)
12岁	1
14岁	5
15岁	6
16岁	47
18岁	45
18岁以上	9
合计	113

将这113人按照地理位置和职业划分,可得出表5。

表5　113人的地理位置和职业分布

地理位置	人数(人)	职业	人数(人)
新英格兰	8	许可证颁发者	42
中大西洋	18	社会工作者	36
南大西洋	6	法官	14
东北中部	23	神职人员	9
东南中部	18	其他	12
西北中部	7	合计	113
西南中部	8		
高山	1		
太平洋	24		
合计	113		

支持最低结婚年龄为低于 16 岁的或者高于 18 岁的人数相对较少。并且大约有三分之一支持最低结婚年龄为 16 岁或 18 岁的人认为，应该允许例外的存在。在 113 名接受访问的人当中，有 101 人（或者说超过 89% 的人）支持最低结婚年龄从 16 岁（可以有例外）到 21 岁（没有例外）。一般来说，许可证颁发者和社会工作者选择了差不多相同的最低结婚年龄；而法官则倾向于更高的结婚年龄，这可能与他们处理离婚案件和废除无效婚姻的经验有关。在 92 个许可证颁发者、社会工作者和法官中，有 76 位赞成的最低结婚年龄比他们所在的各个州目前规定的要高。他们也是与获准结婚的年轻人和寻求取缔婚姻的年轻人接触最为紧密的三个职业群体。只有 4 名许可证颁发者、3 名社会工作者和 2 名法官支持最低结婚年龄低于 16 岁。如前所述，16 岁是 17 个州目前依法设立的最低结婚年龄[①]，然而，正如我们稍后即将进行说明的那样，这一特定措施所要求的年龄证明是在证据宽松或证据缺乏的情况下实施的，其中的大部分州已大大降低了这一最低结婚年龄。我们的调查人员发现，婚姻市场上的许可证颁发者通常都喜欢一个较低的最低结婚年龄，但

① 见第 45 页第四个脚注。

在这一问题上发表看法的许可证颁发者中，有三分之一的人赞成绝对最低结婚年龄应为 18 岁或更晚。

如果我们可以在“女孩的最低结婚年龄应该为多少岁”这个问题的结论部分加上自己的总结，那么在仔细权衡各项证据之后，我们倾向于为了即将到来的现实采取相对保守的观点。我们相信，未经社区预备教育或明文做出合理发放结婚许可证的详细规定，就在各个州突然地、大幅度地改进最低结婚年龄，将不会带来什么益处，甚至有可能造成重大的伤害。如果将最低结婚年龄限定在 16 岁以上，或许也应该有为特殊情况服务的相关规定。确实，婚姻法中的例外条款有时候会在具体实施过程中产生非常糟糕的影响，但是在某些地方，这些法律条款能够得到良好的施行，实现真正的服务。关心人类进步和福祉的人们必须认识到，婚姻问题是没有捷径的。他们不应该总是坚信多重新法律或任何立法权力集中化的捷径，而应该投入更多的热情、精力和聪明才智，以使得合理的优良法律发挥作用。如果目前的最低结婚年龄低得荒谬，就像在某些州一样，那就逐步加以改进，同时注意到法律是可执行的并且是强制执行的。最低结婚年龄为 14 岁总比 12 岁要好；如果是 16 岁就比前两者都好得多；但是，直接从 12 岁调到 16 岁则是不切实际的。我们可以感知到，所有的证据都倾向于最低结婚年龄是 18 岁，为了实现这一目标，我们的文化标准可能需要及时改进，但是几乎还没有哪一个州为此做好了准备。

至于目前在不同州生效的法定最低结婚年龄，根本就没有什么依据可以做出一个完全令人满意的分类。只有 10 个州通过限定发放结婚许可证的最低年龄明确规定了这个最低值。一些州通过规定“年龄不足”的婚姻将被废除来限定这一年龄；一些州规定，低于某一年龄，人们将被禁止结婚或“不足以缔结婚约”；还有一些州是指出人们“可以结婚”或他们“能够结婚”的年龄。通常情况下，法院会判定，如果在低于这些不同短语所确定的法定年龄缔结婚约，或者，在那些对此没有法律规定的州，如果在低于普通法规定的法定年龄（即男孩 14 岁、女孩 12 岁）缔结婚约，那么，这样的婚姻就有可能被废除。

在法律明确规定了许可证颁发的最低年龄的 10 个州之外，负责此事的官员不得不承认，他们没有任何权利向那些低于规定年龄的申请人颁发许可证，以证明废除未达到法定年龄的婚姻是正当的。这是一种自然而然的想法。我们在这里提出这个想法，是因为我们发现，我们采访或交流过的许可证颁发者通常也兼任此职。然而，在新泽西州和纽约州，许可证颁发者却普遍认为相关的废除法规与许可证的颁发无关。因此，我们不得不认为这些州的行政管理完全取决于普通法所规定的其可结婚年龄为 14 岁和 12 岁。[1] 这种令人困扰的情况表明了我们的婚姻法被忽视的程度。

使用“同意年龄”这一短语来描述合法婚姻的最低年龄，将使得这一主题更加混乱。不幸的是，这一短语不仅被用来描述低于某一年龄时，女孩被认为是不能发生性行为的；同时也被用于表明处于某一年龄或高于这一年龄时，父母同意结婚是不必要的。因此，在讨论合法婚姻的要求时，这是应该避免使用的短语之一。

① 从前面的论述可以看出，在本章以及其他地方提及的对行政措施的研究中，我们不得不使用“最低结婚年龄”这一词来表示在获得父母同意后可以发放结婚许可证的最低年龄。

第三章

已婚儿童

本世纪[①]通常被误认为是“儿童的世纪”。而在客观事实上，在刚刚过去一段时期的四分之一时间中，我们必须承认，二十世纪并不是这么回事；尤其当一个如同美国这样先进的国家仍然使得童婚（女孩在 15 岁、14 岁甚至是更为年轻，男孩在 17 岁、16 岁、15 岁或者更为年轻的时候结婚）成为可能时，就肯定不是！这些情况只是反对夸大儿童福利进展的一小部分证据，但它们仍然是尚未得到详细描述的部分。

一、问题的大小

结婚许可证的（发放）记录无法提供关于 16 岁以下的新娘人数的实质信息；这主要是由于在许可证办事处，年龄经常会被新娘、新郎和父母篡改。他们以宣誓书代替实际证据，而通常（许可证）颁发者们也无意去查证。即使在那些没有最低结婚年龄要求的州（这些州根据普通法，规定男孩的最低结婚年龄为 14 岁、女孩为 12 岁），我们发现，父母会歪曲女儿的年龄以顺应一般社会标准或符合他们所听说的法律规定。然而，当普查员去记录家庭成员的年龄以及他们已婚或单身的状态时，就没有

① 指二十世纪。

多少理由可以去歪曲事实了。尽管人口普查数据也有可能会低估这一问题，我们仍然可以假设这种统计是更为准确的。人口统计表并没有直接给出结婚的年龄，但是1920年的人口普查显示，有12 834名已婚状态的女孩当时的年龄为15岁，还有超过5 554名在15岁以下；总体来看，当年有18 388名女孩仍然在16岁以下，并且在15岁或更早的时候就已经结婚。此外，人口普查也记录了有825名15岁及以下的女童处于丧偶或离婚状态。我们已经收集到了一些细节，并且稍后将描述这240例童婚的记录。[①] 其中，超过23%的婚姻是被庄严祝福的（如果这个形容恰当的话），并且其中一名申请人的年龄在14岁以下，还有一部分案例中的孩子只有11岁。

与其他许多普查的统计相比，刚刚引用的数据似乎很小。但是，我们必须记住的是：1920年的每一位童妻都有一段生命历程，在她婚前生活的每一年里，都会有其他15岁及以下的儿童新娘进入婚姻生活。回顾过去，我们注意到同样的过程已经进行了很多年。根据1890年至1920年间四次人口普查和死亡率统计表，我们估计大约有343 000名生活在当今美国的妇女和女孩在过去的36年时间里是作为儿童新娘开始她们的婚姻

① 有250名儿童入选，其中一些人是相互结婚的。

生活的。[①] 这一估计不包括那些在1890年之前结婚的许多现在仍然活着的人。

但关键在于，每一场婚姻实际上都涉及两个人的社会福利而不是一个人的——这必然会涉及他们的福利，并且有可能涉及他们后代的福利。因此，我们的估计应该包括大约324 000名丈夫，这也是考虑过的能够活到这个时期结束的大概人数。[②] 目前生活在这个国家的人总共有667 000位曾经作为当事人直接受到了童婚的影响。应该指出的是，尽管这些夫妻们的孩子的福利肯定也会涉及其中，但并没有包含在这个估算之中。而且，我们也没有将17岁或更年轻的男孩与15岁以上的女孩或成年女性结婚的情况包含其中，因为这类婚姻的数量相对较少。

① 自1890年人口普查首次开始收集婚姻统计数据以来，所有年份的人口普查都报告了15岁以下已婚儿童的人数。15岁的童婚人数在1910年和1920年分别进行了报告，并且对1890年和1900年做出了估计。根据这些数据，可以估计自1889—1890年以来的每一年中15岁及15以下女孩结婚的平均人数。在这逐年增长的数字中，那些到1924年仍然活着的人的数量则随后通过死亡率统计表计算出来。

② 在后者的计算中，假设未满16岁的女孩的丈夫在结婚时的平均年龄为23岁。1916、1917和1918年由国家卫生部公布的纽约州（不包括纽约市）的统计资料显示，与15岁以下的女孩结婚的男性平均年龄为23.3岁，与15岁的女孩结婚的男性平均年龄为22.6岁。

二、问题的一些典型特征

关于16岁以下的女孩和18岁以下的男孩的婚姻，在我们看来一个明显的事实是这些儿童身心方面都不成熟。这一事实在前一章中已经得到了强调。这是毋庸置疑的，并且在某种意义上不需要再加以补充论述。因此，从我们能够收集到的特殊案例中呈现出来的那些支持或反对童婚的证据，将不会作为（说明儿童身心不成熟的）进一步证据，而是成为一种说明童婚和父母控制之间以及两者与结婚许可证颁发之间某些特定关系的手段。父母控制是本研究中非常重要的一个方面，因此将在一个单独的章节中进行讨论。

正是在婚姻关系的本质中，才有可能只对它进行零碎的叙述。客观事实是，婚姻中的不幸福已经成为常识；有时甚至会得到充分和详细的记录，并被保存在某些儿童机构和家庭福利协会之中。我们曾经尝试通过这些途径收集一系列关于童婚不幸面向的概况；但是，这些并不足以作为具有代表性的国内童婚的写照，因为这些机构只服务于特定群体。因此，我们并不希望开发出任何高精度的抽样方法，只是在常规的实地走访过程中针对回答其他婚姻问题的受访者们，尽可能多地对这一特殊婚姻群体的特征展开调查,以充实数据;并通过信件跟进了很多细节的线索;此外,我们还增加了布鲁克林防止虐待儿童协会(Brooklyn Society for the Prevention of Cruelty to Childern)前任主席亚瑟·汤恩(Arthur W. Towne)报道的27份案例①,用来对以上这些方式获得的信息进行补充。同时,我们的信息来源不仅仅包括儿童福利和家庭福利协会,还包括许可证颁发者、法官、警察局长、警长、缓刑监督官、法庭文员、学校官员以及少数律师和神职人员。有时候,童婚的第一条线索来自日报中的一条新闻,但是,在未经进一步核实的情况下,(我们)没有采用任何从这一来源或废除婚姻申请书中获得的案例。

总而言之,我们对于已知的250名已婚儿童中的每一位都了解了一些相关事实的情况。这250个人在31个不同的州结婚。其中有20个人是相互结婚的,所以正如前面已经指出的,童婚的总数实际上是240例。除了这250名儿童外,我们还了解到其他15名被阻止结婚的儿童的有关信息。虽然我们知道所有这250个人的年龄,但并不完全知道他们结婚对象的年

① Towne, Arthur W.: "Young Girl Marriages in Criminal and Juvenile Courts" in Journal of Social Hygiene for July, 1922. 还有一篇论文见"Juvenile Marriages," p. 208ff. in Proceedings of New York State Conference of Charities and Correction, Buffalo, 1920.

龄——只知道其中不到一半的结婚对象的确切年龄。我们了解到，其中有109例婚姻得到了父母的同意；在79例婚姻中，父母保留了他们的同意权或婚姻没有获得父母的同意；另外有大约52例婚姻，并不清楚是否获得了父母的同意。注意到存在这样一些分歧，我们的读者可能会警告说，收集到数量如此之少的材料，（对于父母同意与童婚之间关系的看法）只能是建议性的而非结论性的。那么，让我们来看看我们的这些案例包含了什么。

首先，美国人仍然有一个浪漫的想法，相爱的两个人的婚姻是如田园诗般美好的。很多年前，狄更斯（Dickens）在他第二次美国之旅的公众阅读中就指出了这个特征。他的读者最喜爱的一个故事"霍利树酒店的靴子（Boots at the Holly Tree Inn）"讲的就是两个小孩跑到格莱特纳绿原去结婚。但不幸的是，最具特色的童婚并不是这样的。在我们的240个案例中，最浪漫的方式如下：

这一对是同学，当他们私奔的时候，男孩15岁，女孩17岁。他们告诉州边界附近一个城镇的许可证颁发者，他们两个都是21岁。许可证得以发放，他们登记结婚了。那个州的法律规定，这个仪式需要有两名见证人。其记录显示，这个案例中的一位见证人可能是婚姻主持人的妻子或女儿。由于缺乏资金，这两个人不得不返回家庭和学校，并且将他们的婚姻保密。当男孩的父亲发现时，男孩可能会得到一项（婚姻）废除令。尽管在一段时期内，这两个家庭会有一段不愉快的时光；但我们仍然认为，这个出逃的结局至少比一般的童婚案例要少一些不幸。

在上述案例中，许可证颁发者、司仪神父和婚姻见证人很可能都不是粗心大意。他们都会惊讶于如下情况：一个 16 岁的男孩和一个 49 岁的寡妇离开自己所在的州，并且在另一个州结婚；在后面这个州中，法律规定，结婚许可证发放和结婚仪式之间必须隔一段时间。男孩的父母对此一无所知。新郎和新娘谎报了年龄和住址；许可证登记处的日期被伪造，以符合法律要求；一个“见证人”谎报了男孩的年龄，一个代理人为他们提供了神职人员主持婚姻的服务。据称，新娘为完成这些特别的安排花费了一百多美元。当男孩的父母着手取缔婚姻，并接受官员和其他有关人员的处罚时，妻子（即新娘）提请法律诉讼程序，把这个男孩送到第三个州，并再次成功嫁给了他。这第二个案例并不仅仅是一个出逃事件；对于所有相关人员来说，无论现在还是将来，它一定意味着不幸。

在我们的 240 例婚姻中，其中有 20 个男孩是在 18 岁之前结婚的。在这 20 个男孩中，有 7 个比他的新娘要年轻；而其中的 4 个则是年轻很多。在 79 例女孩（新娘）年龄为 16 岁以下并且我们知道新郎年龄的婚姻中，只有不到一半(婚姻)的年龄差在10岁以内，另外20对的年龄差更大，还有一些新郎的年龄是新娘年龄的四倍甚至是五倍。[①] 只有17例婚姻可以说是男孩和女孩的婚姻；我们知道年龄的79位新郎，他们的平均年龄是26.7岁。亚瑟·汤(Arthur Towne)描述了一个15岁的妻子在人行道上跳绳，被和她一同居住的丈夫的家人拽回并被要求只能在后院跳绳，因为这样的行为(在人行道上跳绳)不符合一个妻子的形象。总体来说，童婚的浪漫消失在更近距离的观察中。当我们稍后更加详细地分析这种婚姻的结果时，这将更加明显。[②]

这240例婚姻的另一个特点是仓促的安排和完婚。如果不是偶尔的暴力特征，其中一些就是游走在诱拐的边缘。

一个例子是关于一名14岁的女学生——她在家里受到了细心的保护，并且在教会学校拥有良好的品格记录。一个大她10岁的陌生人在一次乡村聚会上遇到了她和她的一些同学，并引诱她一起去附近的一个城镇结婚。他充分了解反对诱拐的法

① 在马萨诸塞州(参见 Vital Statistics of Massachusetts for 1919, p. 46)，1919年仅有11.8%的20岁以下新娘与同龄的丈夫结婚。通常情况下，在下一个较高的年龄组，即20岁至24岁，将近有48%的新娘与自己相同年龄组的人结婚。

② 见第67页。

律知识，并知道如何避免触犯法律：因为他将这个女学生送到了宾馆，让她自己登记入住并独自待了一个晚上。他那天晚上并没有骚扰她。第二天，他指导她在许可证颁发处声称自己18岁；并支付了一名出租车司机5美元，让他扮演婚礼的见证人。然后，他将她带回自己家，第二天让她对父母说自己已经认识并且爱上他一年半了。在他的影响下，这个女孩真的讲述了这个故事；但是稍后又否认并且讲出了事实，说她是被恐吓的，实际上自己并不喜欢这个男人。在监狱里，这个丈夫承认他患有性病。在他反对废除婚姻的威胁下，女孩的父母放弃了对这个人的起诉。

以下是对一些类似案例的说明，这些案例曾经被报道过但缺乏相应的细节：

亚拉巴马州有一名12岁的黑人女孩，一个男人一直在关注着她的姐姐。仓促间，他带着妹妹逃跑并结婚了。她的母亲在申请（婚姻）废除令。

在同一个州的另一个城市，一个13岁的白人女孩与一个34岁的男人逃跑了，这个男人答应给她买一件新衣服。一名缓刑监督官报告说，这个承诺是主要的诱因。

在纽约州，一个15岁的女孩和正在申请结婚许可证的朋友们一起去了结婚许可证办事处。在那里，她勇敢地嫁给了新郎和新娘的另一位朋友，这位朋友是一个 19 岁的青年。她极其侥幸地当场获得了许可证，并且当天就结婚了。这场婚姻后来被废除了。

类似的事例并不罕见，从而说明了这样一项法律的价值，即在发放结婚许可证之前，需要预先通知许可证颁发者哪些申请者打算结婚。通常情况下，法律规定要提前五天通知。[①] 这样的一项措施，以及我们即将在第五章提出的对年龄要求的证明，如果都能够得到真正的贯彻落实，那么类似于我们刚才描述的婚姻将几乎是不可能发生的。而每一例这种婚姻的发生，都是在父母不知情的情况下，涉入其中的儿童要么是在法定的需要获得父母同意的结婚年龄之内，要么即使父母同意了也尚未达到法定结婚年龄。

但是，必须承认的是，童婚背后那些看起来多种多样的动机之中，一个并不罕见的动机是希望逃离不幸的家庭。父母在了解孩子方面的失败或让孩子参与家庭计划和目标方面的失败，

---

① 现在有八个州规定申请和颁发结婚许可证之间需要有一段间隔。按照实施这一规定的时间顺序排列，这些州分别是：缅因州、威斯康星州、新罕布什尔州、马萨诸塞州、新泽西州、特拉华州、内布拉斯加州和佐治亚州。

以及家庭没有规矩、孩子被忽略等更为基本的失败，都是导致童婚的重要因素。这些也是在任何婚姻改革项目中都不容忽视的因素，但它们属于家庭内部的考量以及亲子关系的问题，而不是我们现在需要分析的。在少数事例中，我们充分了解到母亲会嫉妒女儿的年轻和吸引力，其中一位母亲将她15岁的女儿嫁给了自己的情人；但这些都是一些特例，而我们的目的是提出在童婚群体中更为常见的情况。

一个经常遇到的动机是把婚姻作为逃避执法的手段，以逃避妨碍治安的惩罚。例如，逃避义务教育法的要求，等等。由于这些逃避会在其他方面考虑到①，所以在这里，我们唯一想要尝试说明的是那些逃避因心智缺陷而被拘禁的情况。

一名15岁的女孩被母亲和未来的新郎暂时从肯塔基州的低能者之家中带走：他们参观了该机构，并获准带她出去拍照。但是，未来的新郎并没有像之前承诺的那样带她回来，他们回到了家乡并结婚了。女孩失踪的消息被告知对她负有责任的家庭福利协会，协会取得了委托书并将女孩送回。在某些州，已经结婚的事实会让这个女孩获得释放，这恰恰就是她的母亲所期望

① 见第78页、89页和93页。

发生的。

我们手头上关于这些案例的信息，并不足以充分说明心智缺陷问题和我们的研究议题相关。很多这些孩子的行为都呈现出不正常的状态，但是大多数都没有做出任何诊断，并且只有八个人是明确已知的低能。因而，绝不能假设大多数童婚都与心智缺陷问题有联系。

这 240 例婚姻丑陋棘手的一面是其与商业剥削和不道德之间的联系。一个 12 岁结婚的孩子后来被发现在经营暗娼。一个 14 岁的孩子与曾经强奸她的人结婚，并撤销了对他的指控。一个 14 岁的孩子被她丈夫带到臭名昭著的娱乐场。一个在 15 岁结婚的孩子指控她丈夫强迫她成为一名妓女。一个 11 岁的孩子对她继母强迫她嫁的那个人提出了类似的指控。另一个 11 岁的孩子被她父母嫁给一个已婚男子。一个 15 岁的孩子在妓院里被找到并被送回家，她丈夫被送进了监狱。还有一个 15 岁的孩子和一个 12 岁的孩子，都嫁给了后来因为暴力斗殴而被监禁的人。

我们应该再次强调这样一个事实，即这些从报道、案例记录、访谈和信件当中收集到的有关童婚的信息，几乎都有不愉快的结局。尽管如此，我们并未对这一婚姻群体的临时性特征做好准备。在11个案例中，丈夫和妻子会分开几天；在7个案例中，他们会分开几个星期；在8个案例中，他们会分开几个月；在16个案例中，他们实际上从未住在一起，或者从未建立过任何形式的家庭。在当前状况是已知的90个案例中，只有16对已婚夫妻在我们收集这些信息时仍然生活在一起。而在这90个案例中，有28例已经废除或离婚，或者正在进行诉讼。所有这一切都描绘了一幅令人沮丧的画面：草率地制定婚姻法以及更加疏忽的婚姻法实施，随之而来的就是婚姻关系的极其不稳定。

与上述事实密切相关的是这250名儿童结婚时的年龄：在所有人当中，61人即24.4%的人是14岁以下(其中，12人是12岁，还有5人是11岁)；62人即24.8%的人是14岁；119人即47.6%的人是15岁；8人(都是男孩)即3.2%的人是16岁或17岁。

另一方面，应该充分赞扬我们已知的其他15个案例中所展示出的辨识力和付出的努力——在这些案例中，婚姻在申请了结婚许可证之后又被阻止了。其中，1例婚姻是被警察阻止的，2例婚姻是被教会工作者阻止的，另1例婚姻是被女孩的父母阻止的，还有11例婚姻是在许可证颁发者的警惕之下被阻止的。

然而，整体来看，所有这些童婚案例中许可证的（发放）情况还远远不能令人满意。在这240例婚姻记录中，发现的非法发放许可证的情况见表6。

表6　240例童婚中结婚许可证非法发放情况

情　　况	数量（个）
新娘、新郎或两者都低于最低年龄	79
获得了父母同意	30
没有获得父母同意	29
不清楚是否获得父母同意	20
新娘、新郎或两者都是需要父母同意的年龄但没有获得父母同意	50
许可证非法发放的总数	129

在240例童婚中，超过一半的许可证是非法发放的，这体现出了实施过程中的严重错误；接近一半的许可证是合法发放的，则表明了进一步立法的需要。

芝加哥州立法院1917年的一份报告中提道：

> 这些非法婚姻中年幼受害者的人数正在增加，法院应该采取果断的行动，强制要求法律禁止向未成年人发放结婚许可证。不久前，一名13岁的新娘被送到家事法庭。她已经结婚几个月，并且怀孕了。她想让自己的丈夫因不履行抚养义务而被捕。

即使是最不敏锐的人都能够看出，她是一个身体发育尚不完全的孩子，还有着孩子般稚嫩的外表；但是，在没有父母或监护人的陪同下前往结婚许可证办事处，她仍然获得了结婚许可证，并且能够同年龄大她两倍的男人结婚。该名男子被送往感化院关押了很长一段时间，并被处以重罚。[①]

自从这份报告发布后，芝加哥的结婚许可证发放管理就有了很大的改善；但就整个国家来说，更多类似的罪恶仍在继续。如之前所说，这 250 个孩子来自 31 个州；并且，这个国家的每一个州，无一例外地都在发生类似的事情。而在所有这些州，都有必要去落实在第五章中所提出的确定年龄的证据的简单规定。

人们通常想当然地认为，在美国，童婚只发生在那些在外国出生的孩子身上，或至少只是那些外籍人的孩子身上。但是，这并不是整个国家的真实情况，尽管它可能近似于一小部分的真相。如我们已经了解到的，1920 年人口普查时，有 18 388 名已婚女孩的年龄是低于 16 岁的。其中，11 959 名是父母为本地人的本地白人女孩；只有 2 452 名是在外国出生的白人、本地出生

① Tenth and Eleventh Annual Report, the Municipal Court of Chicago, 1915 - 1917, p. 113.

的外国白人或者混血儿。[1] 更令人震惊的是，在以上提及的数据中，15 岁以下的已婚女孩有 5 554 名。其中，父母是本地人的本地白人女孩占 62.1%，而第一代和第二代外国白人女孩仅占 17.9%。

三、怀孕案例的例外

1919 年，密苏里州儿童福利委员会成功地确定了该州的最低结婚年龄为 15 岁；在该议案获得采纳后，其秘书处又报告说，旨在涵盖怀孕案例的低于这个年龄发放结婚许可证的例外也必须添加进来。这样做是为了对抗一些立法者的反对意见，因为如果没有这样的补充，这些立法者很可能会使得这一措施无法生效。在那些依然沿用普通法规定的法定结婚年龄为 12 岁的 14 个州中，当然没有必要对特殊案例进行规定。然而，我们有 10 个州的法律通过各种不同的形式提到了这种例外的情况。[2]

① 人口普查中已知的 18 388 个已婚女孩中低于 16 岁的有 3 833 个是黑人。

② 法律中提及这些例外的州有亚利桑那州、康涅狄格州、特拉华州、堪萨斯州、马萨诸塞州、密歇根州、密苏里州、新罕布什尔州、俄亥俄州和俄克拉何马州。印第安纳州不包括在内；1914 年法典（伯恩斯法规）的第 8366 节似乎有对结婚许可证遭到拒绝时可向法院提出上诉的规定，但没有对既定结婚年龄的例外进行规定。

通过对其他州一些许可证颁发者的访谈，我们发现了这样一种趋势，即使超出了其法定职权范围，但如果申请人声明自己已经怀孕，他们也会给那些低于法定结婚年龄的人颁发结婚许可证。只有五个州在其婚姻法的例外规定中明确提及怀孕；但在实践中，这种情况却是给例外案例颁发许可证的主要原因。在所有把例外列入法律的州中，康涅狄格州和特拉华州都有一些指定的法院来行使自由裁量权；而在我们的实地走访过程中，则考察了五个这类州审理怀孕案例的实践。

在女孩最低结婚年龄为 16 岁的伊利诺伊州，检察长在 1913 年关于非婚生子女法律的一项解释中做出裁决，“虽然不是没有疑问”，但当强奸或非婚生子女案件的当事人正式申请结婚许可证时，给他们颁发结婚许可证是郡县办事员的职责所在；并且在结婚之后，“任何针对强奸或非婚生子女的起诉都会被撤销”。不止一名法官非正式地对这项裁决进行了质疑，但是在我们访问的伊利诺伊州许可证办事处，大多数许可证颁发者都会遵循这一裁定。芝加哥少年法庭的阿诺德（Arnold）法官认为，16 岁以下受法庭监护的女孩，必须等到满 16 岁才能结婚。

在密歇根州，有这样一项特别规定：任何一个未成年女孩或成年女性，只要她宣誓声明自己有孕，且孩子如果在婚前出生就会是私生子，又或者她已经和一个男人住在一起且被视为他的妻子……这类情况出现时,认证法官就必须不公开地为她颁发结婚许可证。这条法案也允许秘密提交申请和登记许可证。在我们实地调查的这一年,密歇根州某个城市的一位法官为五个 16 岁以下的类似情况的女孩颁发了结婚许可证,拒绝了两位。在密歇根州的另一个城市,法官请社会工作者调查这类案件。这位社会工作者报告说,在某些情况下,这类婚姻是符合公共道德利益的;但更普遍的现实是,他们结婚只是为了避免对其中的男子进行刑事起诉,其婚姻后来也被证实为既不幸福也并不长久的。在同一座城市的一名检察官表示,他从未听说过依据该法案通过的婚姻有哪一桩是有着美好结局的。

在俄亥俄州的一个城市,一项针对少年法庭三年半庭审记录的审查显示,法庭过去曾有过 15 例低于结婚年龄但因怀孕而被同意结婚的案例。该法庭的一位前任缓刑监督官说,法官经常会驳回申请。在他看来,在那些获得许可的婚姻中,虽然未出生的孩子身份合法了,但通常也意味着这是一桩不幸的婚姻。其中一个例子就是,婚后不到几个月夫妻就申请了离婚。

在马萨诸塞州,我们的实地研究者发现,相较于其他地方,这里的人们对这些例外案例给予了更多的个别关注。当然,不同法官处理这些案例的程序会有明显差异;但在萨福克郡(包括波士顿),所有向认证法庭提交的结婚许可申请都必须在听证会前二十四小时向法院提出。这使得对听证会有兴趣的任何人都有机会参加。不可否认的是，在战争期间，萨福克郡发布的这类法庭指令一直都是在增长的；从 1917 年的 15 个，到 1918 年的 38 个，再到 1919 年的 42 个。后来，这一数据就开始出现下滑。一位波士顿的法官只有向周边的人详细了解过情况后才会发出这一指令。事实上，这一程序是我们在整个实地研究过程中发现的最审慎的婚姻法实施方式。所有非意大利籍女孩的结婚申请都会被送至一位缓刑监督官手里，没有监督官的报告，法官是不会对申请做出任何决议的。而对意大利籍女孩的申请，法官会要求其提供一封神父的手书。如果神父并不建议 16 岁以下的婚姻，那么此类申请就极少有可能会获得许可。波士顿一位儿童机构的主管报告说，法庭拒绝发放结婚许可证的理由通常包括以下几种情况：结婚申请者之一是低能儿、混血儿或有犯罪记录和犯罪倾向的；或者是有其他明显会影响婚姻稳定性的情况。“总的来说，很多时候我们作为社会工作者可能会拒绝的情况，法官们经过认真的考虑和明智的判断会给予许可。”

实际上，特拉华州的例外条例是在申请者们自己的影响下通过的，但它仅针对这样一种情况，即如果结婚许可证的申请者双方都宣誓“他们是某个孩子的父母或准父母”，法定结婚年龄就可以酌情调整。

在我们走访过的其中一个婚姻市场——格莱特纳绿原，一位许可证颁发者毫不犹豫地说，低于16岁法定结婚年龄的女孩只要怀孕了，结婚许可证就能在他的办事处得以颁发。但是，这个州并没有法定的例外条例。这位工作人员说，他会将年龄记录为16岁；并进一步解释，有一条州法规表明，“如果是为了保护一位女士的声誉”，就允许做出不诚实的声明。但是，他并不能为我们指出这条法规。在另一个州的结婚许可证办事处，我们发现，只要有证据表明申请（结婚许可证）的女孩即将成为母亲，许可证颁发者就不会再坚持婚姻法规定的父母同意的条款。在其他六个结婚许可证办事处，同样也发现了类似的非法操作。

从法令和具体实施的角度来看，这种情况的一个重要特征就是，我们发现不管是在法律条文中还是在实践中，对于怀孕的情况都没有要求专业医师的检查。仅仅只需要说明已经怀孕，这种个人论断也会被轻易接受。例如，在一个依据密歇根法律设置的用于特别许可证申请的表格中，其附加说明如下：

备注——根据1899年密歇根州法律的修正案第364页，在原始法案中没有规定要通过婚姻一方或双方的家庭医生进行检查来验证新娘的宣誓声明。

原始法案中更严格的要求被废除的事实是重要的。据称，大多数童婚都是“被迫的婚姻”；但是至少在父母眼中，怀孕的事实使得这种婚姻成为必要。这一断言并不是得自我们的研究。相反，我们发现怀孕只是导致16岁以下女孩结婚的原因之一。即使在密歇根州，也有可能给低于这一年龄并且实际上没有任何其他理由的申请人发放结婚许可证；通过我们的分析发现，整个州全年只有55例这样的许可证得以发放。在俄亥俄州，辛辛那提法院报告说，这样的案件一年不会超过两个。

在如何正确对待16岁以下有过性关系的女孩的问题上，从立法的角度考虑与从儿童福利专家的角度考虑，这两者之间仍然存在着很大的差距。从后者的角度来看，婚姻只有在这些例外情况中才能够保证她和孩子最健康有利的生活。无论她怀孕与否，他们都感到没有任何一种方式能够解决她的困境。经过反复验证，有很多种方式已经被证明能够很好地适用于不同的情况和不同类型的女孩。另一方面，对于这类案例中的所有人来说，一般公众通常只有一种有效的补救措施，且这种措施通常还不太奏效。而且，公众甚至不用费劲地通过官员来确保法律例外条款中所包含的条件是否确实存在。

四、与儿童福利法的冲突

童婚法和其他与儿童有关的措施最显著的冲突就是其与义务教育法之间的冲突。某些州的法律规定，除非被有偿雇用，否则女孩应该在学校接受教育至16岁或以上。在我们调查这一点时，了解到23个州有这一义务教育的要求，但其法定最低结婚年龄是低于16岁的。为了了解这些州的情况以及他们的教育与其结婚年龄要求之间的冲突程度，我们向41个城市的校长发出了一封调查信，或对他们进行了访谈，结果如下：

18人回复说没有冲突案例引起他们的注意；

16人回复说并不强制要求已婚女孩上学；

7人回复说要求已婚女孩上学。

通过其他渠道获取的另外18个城市的信息中，我们得知，这个问题从未被提出过，由此我们可以推论：至少在这些特定的城市中，法律冲突问题从未出现是因为，当女学生结婚时，义务教育法总是会被弃之一边不予理会。1920年加利福尼亚州公共教学总督认为，应该强制执行义务教育法；但是在我们的实地调查中却了解到，在三个加利福尼亚的城市中的学校人员都提出了与此相反的声明，只有一个城市(的学校人员)是认可教学总督的意见的。有七个城市报告了童婚被教育部门强制阻止的例子，示例如下：

一个15岁女孩的母亲认为，如果她的女儿嫁人了就不需要去上学而是可以去工作了，然而她被告知，无论她女儿是否嫁人都必须上学。

结婚申请人已经获得了结婚许可证，但当他们知道上学必须得到强制执行后，他们没有结婚，女孩也留在学校上学了。

在谈及一位已经获得结婚许可证的女孩的事件时，一名旷课调查员写道：在这种情况下，我们反对这桩婚姻，并且已经获得了少年法庭的书面通知，要求这个孩子留在少年教养院。那名女孩后来被少年法庭处以缓刑并被要求如常返校上学。后来，我们从少年法庭得知另外两个关于女孩们非法举办婚礼的案例。最终这两个女孩都被少年法庭判处缓刑并被要求返回学校，两位新郎则接到指示要求废除婚姻。我们的法律已经足够严格，希望将来有一天，在这种情况下我们可以让检察官(prosecuting attorney)起诉这类男子。

国家义务教育官方联盟(National League of Compulsory Education Officials)在1920年就已经注意到了婚姻法与教育法之间

的这种冲突，并通过了一项决议，敦促所有州都制定统一的法律，禁止仍然处于义务教育年龄的男孩和女孩的婚姻。在那些义务教育已经成为公认的社会惯例的地方，这似乎是一个合理的解决办法。

相较于考虑婚姻方面的问题，许多州在考虑教育方面问题时都要更加积极，这可能是由于之前已经提及过的男孩女孩婚姻中粗暴的浪漫主义。仅仅几年前，一位日报的编辑在讨论到更高的最低结婚年龄问题时就曾提到，我们应该为"希望在二十世纪的童婚中发现浪漫"一事致歉。

不仅在教育部门，而且在其他一些公共部门的职能方面——向未成年人发放工作证件，对少年犯和有缺陷的人进行控制等——将最低结婚年龄设置在 16 岁以下都是违反儿童福利法的宗旨的。就这些法律的实施效果而言，一个更低的最低结婚年龄往往会导致其失效。尽管有些法庭做出的裁决与之相反（如费城、底特律和明尼阿波利斯），但似乎有必要切实消除成文法中的冲突。因此，一位丹佛的律师呼吁公众对这样一项事实加以关注，即根据英国普通法，一个未成年人可以在没有父母控制的情况下结婚；而且，引用科罗拉多州的法律也可以实现同样的效果。他认为，通常是那些未能将孩子送到学校上学而被起诉的父母，使得强制执行义务教育法在某种程度上变得不太可能。

第四章

父母同意

到目前为止，前面的章节已经讨论了青少年婚姻和童婚，但仅仅只是偶尔提到了父母的权威。现在有必要详细考察美国未成年人婚姻的这样一个方面，即学术上所说的“父母同意”（parental consent）。

一、过去父母对婚姻的控制

在许多地方以及世界历史上的多个时期，父母或其他亲戚，抑或是村庄、部族或部落的头领，对所有的联姻都有着绝对的权力。也许在某些时期，这种状况在理论上比实际上更加真实；新娘比表面上看起来拥有更多的话语权，亲子间的情感在各种不同的控制动机中一点一点得到发展。然而，在其他许多时候，他们离我们并不远，年轻人一直都很无助。婚姻遵循的是“完全独立于个人意愿”的传统，父母的权力是为了家庭、部落、种姓和政治单位等机构的利益而行使的。即使在今天，这种关于婚姻的一贯看法也并不完全是过去的事情。

韦斯特马克费尽苦心地指出，在一个还未开化的国家，长者是宗族的唯一权力；年轻人保持着敬畏之心，部分是由于那些仅为老年人所知的神秘仪式，部分是由于他们相信父母的善意会在死后保护他们抵御邪恶幽灵。位于氏族和直系亲属之间，并对后者所有成员的婚姻产生重大影响的是亲戚。因此,在那切兹印第安人中,两个家庭的头领——通常是曾祖父,有着最终的决定权。在一些部族和氏族,新郎母系或父系的姨妈或姑母(aunt)有着这样的权力。一个美拉尼西亚人从来不会"违背姑姑(father's sister)的意志"而结婚。①

在孩子的儿童早期、婴儿期甚至是出生之前就订婚的做法广泛分布于全球各个地区。

在世界历史的不同时期,父母对于婚姻的控制从(孩子)出生前这一极端一直延伸到(他们)成熟之后的另一个极端。罗马人的父亲权威在孩子的一生中都是至高无上的,尽管在后来的时期中有一些限制。希腊人和日耳曼人可以遗弃他们处于婴儿期的孩子,可以在紧急情况下卖掉他们的孩子,也可以在没有咨询其意愿的情况下为他们的女儿指定婚姻。

参与这项研究的学生所记录的所有这些不同的婚姻习俗表明,父母控制对于孩子的相对无助几乎毫无益处。相反,亲子关系的所有权特征经常被这样一些机构强调为买卖婚姻,结婚以向新郎的父亲提供舒适的家庭服务,按资历顺序结婚等。私奔是唯一的选择,从而能够在一定程度上使人们逃离随着财富累

① 韦斯特马克在此引用了 Rivers, Vol. 2, p. 280.

积而增加的专制。新泽西州早期的婚姻法(1668)要求婚姻必须获得"父母、家人或监护人"的同意①;1660年,一位愤怒的新英格兰父亲与其女儿求婚者的父亲有着相反的政治主张,他可能由于求婚者在没有获得父母许可的情况下向她女儿求爱而要求他被当地官员罚款5英镑。②

这个国家最早承认州的责任是在1641年马萨诸塞湾殖民地制定的法典中。相关条文指出:"如果父母故意或不合理地拒绝孩子合时宜的或适当的婚姻,或者对他们施加任何不合常理的重大影响,这些孩子就拥有向当局申诉以寻求救助的自由权利。"③

请注意前面一段简短的描述中父母控制婚姻的隐性特征。在我们国家,有17个州规定16岁以下的女孩,22个州规定18岁以下的男孩,无论是否获得父母的同意,他们结婚的权利至少在理论上是不被承认的。正如即将展示的,缺乏行政效率往往会导致在实际实施过程中降低这些最低年龄标准;但即便如此,我们国家一些比较先进的州如今正在减少家长权力至有限范围

---

① Howard, George Elliott: A History of Matrimonial Institutions, Vol. 2, p. 309. Chicago, University of Chicago Press, 1904.

② Howard, Vol. 2, p. 163.

③ Massachusetts Historical Society Collections, Third Series, Vol. 8, p. 230. Boston, 1843.

内——16 至 18 岁的女孩需要在结婚 2 年前获得父母同意，18 至 21 岁的男孩则需要在结婚 3 年前获得父母同意。

一些研究婚姻史的学生，特别是埃尔希·克鲁斯·帕森斯（Elsie Clews Parsons），预言并主张彻底取缔父母同意。然而，应该补充的是，通常这些改革者也主张“将成熟作为结婚唯一的年龄标准”，并将法定成年年龄作为最低结婚年龄。① 但是，我们已经了解到，实际年龄最多只是一个粗略而现成的测量成熟的方式；虽然我们目前也并没有其他更好的办法。在一个 16 岁时就非常成熟的女孩和一个 18 岁还少见的不成熟的女孩之间，目前没有任何法律基于这种发育差异而区别对待。一切都留给了家长或偶然性。父母虽然不是专门的法官，但至少是有资格的证人。因此，当我们每个人都在为婚姻法得以更好地实施而努力时，为某些法院或部门特别配备审查机制将是明智的行为，以便于妥善地处理儿童和青少年问题。例如，当子女和父母双方在关于父母同意的婚姻上无法取得一致意见时，这种问题就会出现。一个女孩已经足够成熟到完全可以结婚，那么她就可以独立做出自己的决定②，这听起来似乎很符合逻辑，但实际情况并非如此清晰。因

① Parsons, Elsie Clews: Social Freedom, p. 33. New York, G. P. Putnam's Sons, 1915.

② 参见 Race Improvement, by LaRaine Helen Baker, p. 50. New York, Dodd, Mead and Company, 1912.

此，在目前还没有任何令人满意的方案可以替代父母同意的情况下，我们应该对于父母完全丧失他们目前所拥有的有限权力感到遗憾。然而，正如我们即将看到的，相较于拥有权力而言，一些父母更需要的是洞察力和远见卓识。当这些都完全缺失时，州政府就必须在年轻人身上投入一些保障。[①] 只有当一个女孩的父母在她 16 至 18 岁期间，或者一个男孩的父母在他 18 至 21 岁期间，不同意女儿或儿子的婚姻意愿，儿女才有向外部当局申请上诉的必要；但是，上诉的权利应该开放。同时，也不乏迹象表明，随着社会教育和婚姻教育的普及，今后家长有可能会放弃拥有这种特殊权力，这也是理解和关怀的结果。

二、父母同意与童婚

如前一章所述，我们探讨的大量童婚实际上都是在获得父母同意的情况下发生的。在我们研究的 240 例童婚中，有 109 例就是这样的。而在这 109 例童婚中，又有 30 例孩子的年龄非常小；以至于即使在获得了父母同意的情况下，他们也没有达到法定的发放结婚许可证的年龄。

---

① 请参阅本章第四节关于父母同意替代方案的讨论。

这些数据在家庭和社会福利方面意味着什么呢？首先，从年龄来看，我们知道有 4 名孩子在 11 岁的时候、5 名孩子在 12 岁的时候、18 名孩子在 13 岁的时候获得父母同意而结婚。在 13 岁时获得父母同意而结婚的案例中的一例，许可证颁发者对孩子的不成熟印象非常深刻，并上诉给该市的诉讼律师（corporation counsel）来阻止这桩婚姻；但他却被告知，由于本州的法律允许任何 12 岁及以上的女孩在获得父母同意的情况下结婚，所以没有任何理由可以阻止。在另一个州，女孩的最低结婚年龄不是 12 岁，而是 16 岁；父母将他们 14 岁的女儿嫁出去，并宣誓她有 16 岁。许多违反婚姻法的行为都可以追溯到这种采用宣誓书代替证明的做法，因为（在这种做法中）证据很容易被伪造。

相较于之后的发展情况，我们掌握的更加完整的信息是关于这 109 例获得父母同意的婚姻的当前情况；但是，我们仍然掌握了其中 36 个案例具体发生了什么的确切信息。为了尽可能具体地展现这 36 个案例中父母承担责任的详细图景，我们将其简要概括如下（其中一些已经被提及过）：

1. 缓刑监督官报告了这样一个事例，一名年龄低于 18 岁的男孩在一个南方小镇的许可证办事处出示了一封伪造的信件，信中他的父母同意他与一个14岁的女孩结婚。对于这桩婚姻，女孩的父母已经同意了，但是男孩的父母却提出要废除它，并且将他们的儿子送进教养院。

2. 加利福尼亚州的一名法官报告了一名12岁的女孩与一名39岁的男子结婚的实例。许可证的申请被拒绝了，但女孩的父母陪同她一起跨越边境进入墨西哥，在那里他们成功地获得了使婚姻生效的必要许可。报告此案的法官已经发出分居令，使该女孩处于法庭的监护之下，并且宣告婚姻无效。然而，在这最后一项完成之前，这一案件中的丈夫就因强奸另一个女孩的罪名被送进了监狱。

3. 在另一个由许可证颁发者报告的加利福尼亚州的案例中，女孩相较于男孩而言似乎年轻很多，因此许可证的申请被拒绝了；但是，没过多久，她和准新郎又一起出现了，这次带来了她母亲证明她有17岁的誓词。八个月后，她的母亲提出了废除婚姻的申请，理由是当时她的孩子只有11岁。然而，针对这名男子伪证罪的起诉最终还是失败了，因为女孩怀孕了。

8. 根据一名法庭职员的报告，在中北部的某个州，一名父亲将他14岁大的女儿卖给了一个想要娶她的男人。后来，她由于试图毒死她的丈夫而被带入法庭。这场“买卖”是由女孩所指控的，却被她的父母否认了；但法庭职员认为，父母的故事远不如他们女儿的故事那么值得信赖。

9. 有关一个智能低下的孩子的婚姻被她母亲一手操控的事例，在第66页已有相关描述。

14. 教会工作人员报告了一个11岁中国女孩的故事，这个故事同样被法庭记录和其他几个社会机构的报告所证实。法庭废除了这场由孩子的继母安排的婚姻。后来，主持仪式的神职人员声称，这个小女孩在婚礼上被装扮得看上去年龄更大一些。两三个月后她跑掉了，说同她结婚的那个中国男人违背她的意志拘禁了她。

16. 和17. 这是两例由纽约州保护机构报告的案例，4名儿童由于不能或难以完成他们的学业而无法获取雇用证书。其中两个是男孩，两个是女孩，他们的父母通过安排两场婚姻来克服了这个困难——其中一对是15岁的女孩和17岁的男孩，另一对是15岁的女孩和19岁的男孩。雇用证书得以发放，但是那名19岁的男孩在他结婚后不久就逃跑了。

20. 纽约州法庭职员报告的另一起案件的主人公是一个由少年法庭照管的女孩，她的母亲在没有获得法庭同意的情况下将她嫁给了一个18岁的男孩。当法庭听到这个消息时，马上就将这个女孩委托给一所职工学校(industrial school)。

21. 南部的一个州规定女孩的最低结婚年龄为14岁，县律师报告了一个12岁女孩在获得她母亲同意的情况下结婚的案例。后来,根据一项规定“与14岁以下女孩结婚是不正当行为”的州法律,她的丈夫被判服刑一年。

22. 中西部的一个家庭福利协会报告了这样一个案例,一名13岁的女孩在获得父母同意的情况下与一个23岁的男人结婚了,她的父母宣誓说她有16岁。少年法庭下令逮捕女孩的父母和丈夫,指控他们犯有伪证罪并导致青少年犯罪。女孩的父亲和丈夫都被罚款200美元,同时婚姻也被废除。

23. 得克萨斯州的一名地方检察官报告了一个11岁女孩在获得母亲同意的情况下结婚的案例。女孩的未婚夫宣誓说她有16岁。当被发现还有另外一个妻子在世时,他被指控重婚罪、强奸罪和伪造誓证罪,并被判在监狱服刑五年。

26. 怀俄明州的一名法庭职员报告了这样一个案例,一名13岁女孩的母亲宣誓说她有“16岁左右”,并同意了她的婚姻,后来婚姻被废除了。

251. [①]南部某个城市的教师和缓刑监督官同时报告了一个15岁的女孩嫁给一个22岁的结核病患者的案例。当她被母亲强迫嫁给这个男人时,女孩哭了。他把新娘带到另一个城市,然

① 高于250的数字编号意味着连续数字被分配给了一大批青少年婚姻的案例,其中一些超过了儿童结婚的年龄限制,还有一些则低于这个年龄限制。

而，女孩在几天后便离开了他。

256. 加州一名13岁的孩子申请离婚。法官在报告这个案件时说，这个女孩的母亲已经同意她嫁给年龄大她两倍的男人。

271a. 一位母亲迫切地想把她12岁的女儿嫁出去，并在她的女儿和一个士兵结婚时宣誓说她有18岁。这桩婚姻发生在康涅狄格州。两个月后，这个丈夫遗弃了他的妻子；后来才发现，他在第二桩婚姻发生之前就已经结婚了。（这些事实已经从婚姻废除诉讼的记录以及女孩母亲所在州的一家社会机构的报告中得到了证实。）

272. 康涅狄格州的一个家庭福利协会报告称，一名15岁的女孩在获得父母同意的情况下结婚并声称女孩怀孕了。后来，这被证明并不是真实的。几周后，这对已婚夫妇就离婚了。

311. 和312. 南部的一个家庭福利协会报告称，一对15岁和12岁的姐妹在获得母亲同意后分别嫁给了两名士兵，以逃避妨碍治安行为的诉讼。结婚许可证上的誓词显示，她们的出生日期仅仅相隔两个星期。然而据人们所知，妹妹婚后实际上在经营一间声名狼藉的妓院。

313. 南部的一个家庭福利协会报告了一名14岁女孩嫁给一个感染了性病的男子的案例。她的母亲宣誓说她有16岁。七个月后，这对夫妇就分居了，随后妻子提出了离婚诉讼。

335. 西南部某州的一名法庭职员报告，一个 14 岁的孩子被州医院院长诊断为智力障碍儿童，但在获得监护人同意的情况下结婚了。她结婚以后，就因谋杀继子女而被指控。

346. 纽约州的一个家庭福利协会报告了一桩被废除的婚姻，这个女孩只有 15 岁，却在获得父亲同意的情况下结婚了。

347a，347b，347c. 纽约州一家儿童保护机构的干事报告，三名孩子（分别为 15 岁、14 岁和 13 岁）在获得父母同意的情况下结婚了。第一个孩子指控她丈夫强迫她成为妓女，第二个孩子在三个月后离开了她的丈夫并且被安置在一家社会服务机构，第三个孩子则在三天后就离开了她的丈夫。

359. 纽约州的另一家儿童保护机构报告了这样一个案例，一名 15 岁的低能女孩有一个私生子，她的父亲将她嫁给了一个 36 岁的陌生人，而这个人正在寻找一名主妇。很快，这个丈夫就向法庭提起上诉，将他的妻子送到一家为智力障碍者提供服务的机构，并很快付诸实施。

362. 纽约市的一个家庭福利协会报告了一名 15 岁女孩在获得父母同意的情况下结婚的案例。她的丈夫两年后去世了，但这桩婚姻在婚内的两年是圆满的。

367. 纽约州的一家儿童保护机构报告，一位父亲将他 14 岁的女儿嫁给了一个 18 岁的男孩，理由是他无法使他女儿晚上不在街上逗留。几个星期后，她在一个臭名昭著的娱乐场被发现。在她的急迫要求下，该机构将其安置在一个她丈夫找不到她的地方工作。结果表明，她的要求是正确的。

371. 和 371a. 纽约州的另一家儿童机构报告了两名 15 岁任性女孩的案例。她们刚刚被判罚在州立女子少管所服刑，还没有实施，就被母亲匆忙地嫁给了镇上两名没有出息的伙计。这两名女孩在婚后被带到了少管所，但是她们的丈夫可以申请获得释放她们的法庭指令。

377. 同一家机构报告了一名 14 岁已孕女孩的案例。她被自己的母亲嫁给了一个声名狼藉的男人，这个男人在两个星期后就遗弃了她。

377b. 纽约州的一家机构报告，一名 15 岁的女孩同一个男人私奔了，但是并没有嫁给他。警方逮捕了这两个人，并说服女孩的母亲同意女儿的婚姻。然而，同他们两个人共同生活的男方家人并没有好好对待新娘，致使女孩两个月后再次逃走了。目前，警方安排的这桩婚姻已经被废除，并且女孩又结婚了。

377c. 同一家机构又报告了这样一个案例，一名意大利父亲被指控以 40 美元的价格将他的孩子卖给她未来的丈夫。不久，孩子就拒绝同她丈夫住在一起；但是，该机构在两年后才获得允许她与丈夫和父亲分居的法庭指令。

377d. 这是同一家机构报告的另一个案例。一个 14 岁的意大利女孩在获得父母同意的情况下嫁给了一个男人，但是这个男人几乎马上就遗弃了她。后来，这个女孩又嫁给了第二个人，但依然没有与第一任丈夫解除法律上的婚姻关系。很明显，这样做是出于纯粹的无知。

388. 西南部某州的一名社会工作者报告了一位 15 岁女孩在获得父母同意的情况下结婚的案例。这个女孩以不忠为由离婚了。

395. 南部某州的一名检察长报告：在获得父母同意的情况下，一名 13 岁的女孩与一名 36 岁的男子结婚了。女孩的年龄是谎报的，且这对夫妇从来没有生活在一起，现在他们已经申请废除婚姻。

正如在另一处已经表明的，相较于失败的早婚而言，那些被证明是成功的早婚并不大可能引起我们的注意。这同样适用于父母同意的婚姻和父母制止的婚姻。我们一直都在提醒自己，大多数父亲和母亲不仅在认真承担他们的亲职责任；同时也发现他们自己无法单独应对各种危机，同样也需要寻求指导和帮助。避免儿童照管不良的法律和行政措施并没有影响到大多数的父母和儿童，除非这种出现在少数案例中的疏于照顾和剥削与每一个公民都息息相关；但是，从我们的实地访谈和其他一些调查来看，我们有理由相信，在美国的任何地方都存在与这里给出的一些父母粗心大意的例子相似的情况，这些从来都不是前所未闻的事情。

三、目前的情况

另一方面，很多处于需要父母同意（才能结婚）这一年龄阶段的儿童和青少年，都在没有获得父母同意的情况下就结婚了。我们已经核实，发生在38个州的297例个案，均由于缺乏父母同意而在结婚许可证办事处篡改了年龄；同时，我们对许可证办事处记录的详细检查也为我们提供了进一步的证据。例如，表7显示的18岁青少年婚姻的增加，一部分是真实的，而另一部分未必真实。在全国45个要求“18岁以下女孩结婚需获得父母同意”的结婚许可证办事处，我们能够检查足够数量的许可证，从而得以对17岁、18岁、19岁的女孩发放许可证的数量做出比较。从中可以看出，有大量的许可证发放给了17岁的女孩。更多的许可证则发放给了记录为18岁的女孩，这可能是在预见之内的。但是，在这45个办事处中，有28个办事处呈现这样一种状况，即相较于发放给18岁女孩的记录，发放给19岁女孩的更少。该表是按照获得结婚许可证的18岁女孩数量与19岁女孩数量之间的比例（由高到低）来排列这些办事处的。

表 7　45 个许可证办事处给 17 至 19 岁女孩发放结婚许可证的情况

结婚许可证办事处	经过检查的许可证记录	17 岁女孩	18 岁女孩	19 岁女孩	18 岁女孩与 19 岁女孩之间的比例(%)
纽约州-斯科哈里	100	4	15	4	3.8
纽约州-奥尔巴尼	100	1	7	2	3.5
密歇根州-门罗	200	4	53	16	3.3
加州-圣拉斐尔	200	1	32	12	2.7
密歇根州-圣约瑟夫	100	1	17	7	2.4
俄克拉何马州-雨果	200	2	54	23	2.3
印第安纳州-杰斐逊维尔	100	2	25	12	2.1
俄克拉何马州-阿尔特斯	274	13	71	35	2.0
新泽西州-卡姆登	100	4	12	6	2.0
纽约州-伊萨卡	100	0	12	6	2.0
密歇根州-梅森	100	7	18	9	2.0
俄克拉何马州-塔尔萨	100	4	22	11	2.0
华盛顿州-温哥华	100	3	13	7	1.9
亚拉巴马州[a] -伯明翰	100	2	16	9	1.8
密苏里州-克莱顿	100	1	17	10	1.7
亚拉巴马州[a] -埃弗格林	100	4	25	15	1.7
亚拉巴马州-佩恩堡	200	16	52	31	1.7
伊利诺伊州-罗克岛	205	17	29	17	1.7
加州-洛杉矶	100	2	8	5	1.6
加州-圣迭戈	100	0	11	7	1.6
印第安纳州-克朗波因特	108	2	17	11	1.5
威斯康星州-密尔沃基	100	5	12	8	1.5
伊利诺伊州-墨菲斯伯勒	100	7	19	13	1.5
加州-萨克拉门托	100	5	9	6	1.5
印第安纳州-温森斯	100	10	18	12	1.5
纽约州-罗彻斯特	200	3	14	10	1.4
艾奥瓦州-达文波特	200	11	20	16	1.3

续 表

结婚许可证办事处	经过检查的许可证记录	17岁女孩	18岁女孩	19岁女孩	18岁女孩与19岁女孩之间的比例(%)
明尼苏达州-德卢斯	280	3	33	27	1.2
伊利诺伊州-芝加哥	500	6	43	43	1.0
伊利诺伊州-沃基根	100	0	12	12	1.0
俄克拉何马州-伊尼德	98	3	13	15	.9
马萨诸塞州-新贝德福德	1195	36	81	94	.9
俄克拉何马州-俄克拉荷马城	200	5	25	28	.9
威斯康星州-莱茵兰德	116	7	16	18	.9
加州-旧金山	200	4	12	14	.9
亚拉巴马州[a]-蒙哥马利	100	3	11	14	.8
威斯康星州-奥什科什	300	2	17	21	.8
加州-圣安娜	100	2	13	16	.8
威斯康星州-苏必利尔	273	9	21	25	.8
伊利诺伊州-皮奥里亚	200	5	20	28	.7
得克萨斯州-威奇托福尔斯	87	6	8	11	.7
威斯康星州-巴拉布	100	3	8	15	.5
马萨诸塞州-波士顿	500	7	20	45	.4
伊利诺伊州-贝勒维尔	200	5	7	29	.2
纽约州-纽约市	200	1	3	17	.2

a. 这几个办事处的记录，只包括了发放给白人的许可证数量。

表面上来看，这张表中的数据可能表明，相较于表格底部那些城镇而言，表格顶端的城镇中 18 岁女孩的数量比 17 岁和 19

岁女孩的数量要多得多；但是，这些数据可能给我们完全不同的启示。确实，我们在每个地方考察的一两百个连续发放的记录并不能作为比较的依据，而且还有必要适当补充更多即将获得允许的希望 18 岁结婚而不是 17 岁结婚的女孩。但是，为什么在某些地方，女孩 18 岁结婚的数量是 19 岁结婚数量的三倍以上？为什么在其他一些地方是两倍以上？而在另一些地方，这个比例又是相反的？例如，上述表格中的第一行——纽约州的斯科哈里，18 岁女孩获得结婚许可证的数量几乎是 19 岁女孩的四倍，而在纽约市则是完全相反的情况。还应该指出的是，在这 45 个地方中，有 9 个城镇可以被表述为婚姻市场；其中的 7 个又是在表格的上半部分，并且 4 个是在前 10 行。所有的这些，加上我们已经了解到的那些谎报年龄的个案，都表明了一种可能性，即表格粗略显示的并不是真实年龄的记录，而是在没有获得父母同意的情况下，18 岁以下女孩谎报年龄，即声称自己有 18 岁，从而能够获得结婚许可证这一现状的严重程度。

相较于针对“要求父母同意”的法律条款的不同解释而言，在与婚姻有关的少数事宜中缺乏监督是更加明显的事实。这些条款通常是模糊的，我们的实地访问员有时候在一个州的不同许可证办事处会发现完全不同的做法。只有三个州——伊利诺伊州、纽约州和罗得岛州——明文规定了父母必须在许可证颁发者面前出现；并且，纽约州还设置了当父母并不是本州居民时的例外条款。但是，其他大多数州仅仅要求提供一份父母的书面同意即可，以此代替他们出面；其中，大约有一半的州采取了这样一项程序，即明文规定父母的签名必须通过某种方式得以验证。

在一些允许口头同意的州，电话中的同意也可以被接受，这一可能性也是存在的。事实上，“父母同意”在一些许可证办事处就是这样被接受的。在这里，电话沟通的不足之处并不需要加以说明。偶尔，更好的沟通方式也会被采用；例如，由许可证颁发者向远方的父母发送一份电报急件，并通过相同的媒介得到答复。

我们手头上有几个关于 14 岁、15 岁的女孩伪造了父亲或母亲同意她们结婚的信件及其签名的案例。同时，也有大量案例出现这样一种现象，即出现在许可证颁发者面前的人实际上是伪装成申请者的父母的，但是他们的证词被接受了。由此可见，对可靠的证人进行某种形式的身份验证是必要的，以此才能保护真正的父母免受这种形式的欺骗。当父母同意书必须以书面形式提供时——至少在父母处于远距离的情况时，相关法律条款应该考虑到——非常重要的一点是，签名应该得到公证人的合理验明。

尽管同意书在一定的限制范围内仍然适用，但目前父母同意的状况还远远无法令人满意。在这种情况下，我们还没有详细阐述来自父母的谅解。通常只在报纸上有所描述并且不为人们所知的是，一场仓促举行的婚姻涉及的男孩（更多时候是女孩）往往都是未成年的，并且处于需要获得父母同意的年龄；但是，他们的父母在首次收到通知时（以电报或信件的形式），却被告知婚姻已经圆满举行。随之而来的父母谅解几乎是必然的。父亲和母亲发现他们自己完全经历了一场失败的交易。[①] 即使后来通过婚姻废除诉讼得以纠正（接下来我们会有所描述），各个州分享的这些纠纷都是被非常笨拙地处理的。对于每一位名副其实的利益相关人而言——父亲、母亲、孩子和他们所在的州（以许可证颁发者为代表）——相较于废除婚姻，应该还有其他更好、更简单的方式去保护他们自身的利益；也就是说，在每一个负责发放许可证的办事处都要求提供充分的年龄证据。即使现行法律有任何微小的变化，这样的证据也都是必需的。对这一方法的介绍将在下一章“年龄的证明”当中详细描述。

---

① 很久以前就描述了同样的困境，尽管使用了不同的术语：在 1808 年首次出版的，由安妮·莫克维卡·格兰特（Anne MacVicar Grant）撰写的关于一名美国女士的回忆录中，我们被告知，在 1770 年的奥尔巴尼，“如果一个年轻人的脾气是鲁莽冲动的，而他妻子是温和顺从的，他们常常就会在没有考虑双方关系的情况下做出一个轻率并且仓促的结合，也许这两个人当中年龄稍大一点的那个都没有超过 17 岁。涉及的双方家人只能默默忍受这一事实。两家见面并且极其平静地咨询了需要办理的事情”。

四、针对父母同意提出的替代方案

现行婚姻法及其有关酌情处理的条款均显示出一种明确的倾向，即赋予了司法人员和家长批准与同意的权力或在特定情况和特定年龄下审核的权力。在新罕布什尔州，对于 18 岁以下女孩的婚姻，除了需要父母同意之外，法庭同意也是必需的；还有 5 个州[①]，必须获得法庭同意的结婚年龄是 16 岁以下；而在另外 2 个州[②]，这一规定年龄则是 15 岁。在这其中几个州，如果男性申请者不满 18 岁，获得法庭同意也是必需的；并且在新罕布什尔州，这一年龄规定是 20 岁。以州政府的控制来补充父母的控制，与州政府拥有行使保护未成年人财产的权力完全一致。作为孩子的法定监护人，父母的权力是以谨慎的限制为条件的。一般而言，除非得到法庭的指令，否则父母和监护人是无法卖掉或出租孩子的房产的；而法庭指令的发出，必须基于仔细审查所有提交上来的提案，以确保未成年人得到公平对待。

在加利福尼亚和纽约两个州，出于少年法庭没有对规定年

① 亚利桑那州、堪萨斯州、马萨诸塞州、密歇根州和俄亥俄州。

② 密苏里州和俄克拉何马州。

龄内的儿童婚姻进行专门的法律规定，法庭控制（这一措施）得以建立起来；并且，少年法庭希望被阻止结婚的孩子能够听从安排并接受少年法庭的监护。关于这类案件有两个例子，涉及两名加利福尼亚州的 13 岁女孩，这两个例子均在圣迭戈被报道过。在纽约州，位于罗彻斯特的门罗县于 1911 年启动了类似的控制，该县的少年法庭自 1910 年以来便对儿童的案件拥有管辖权。目前，这项权力已经从县法庭扩大到了全州范围内，除了首府城市某个有少年法庭的县之外。在门罗县，父母允许他们不到 16 岁的女儿结婚这一事实，将被视为监护不当的证据。如果法庭通过学校教师或其他途径获知此类年龄阶段的结婚意图，就会通过指控监护不当的上诉将该女孩纳入法庭照管之下。有时候，女孩因此被收留后，父母还会尽力保释她们，希望能在上诉状获得审理之前安排他们的婚姻。然而，由于这样会使得这一诉讼程序的目标无法实现，所以保释将永远不会被接受。

罗彻斯特市中与法庭并无任何关联的社会工作者证实了这项审查权力的行使是有效的。其中一家私人机构报告的两个案例，都是通过通知许可证颁发者才阻止或推迟了 16 岁以下女孩的婚姻。据另一名社会工作者介绍，门罗县法院在过去十年中只批准了一名未满 16 岁女孩的婚姻。

当一位孩子处于法庭的照管之下，法庭相较于父母而言就拥有至高无上的权力;这一点是非常明显的,并得到了罗彻斯特案中纽约州一位检察长的支持。一位处于法庭照管之下的15岁女孩,从她被安置的家庭中逃离了。在她母亲的同意下,她获得了结婚许可证,并在法庭管辖范围之外的一座城市结婚。正如前文的案例所示(第89页的20号案例),她被逮捕并且被送到了一所职工学校。学校管理层考虑到她的已婚身份而犹豫是否允许她进入;但是,法庭关于整件事情的详细报告以及与检察长的协商,最终还是促使他们接受了这个女孩。

有关低于结婚年龄的婚姻,俄亥俄州的法律明确授权法庭同意取代父母同意。同时,该法律也提出,在怀孕的情况下,即使签订婚姻契约的一方或双方当事人低于法定年龄(男性为18岁,女性为16岁),少年法庭"经过一个或两个受监护的未成年人同意,或者经过父母或监护人的同意",也可以授权发放许可证。如此,申请者就都处于法庭的照管之下。上述引文中的"或者"一词表明,如果法官授权同意这样的婚姻,许可证颁发者就可以在没有父母同意的情况下发放许可证。

一些擅于思考的社会福利专业的学生倾向于质疑:从长远来看,让法庭作为父母和孩子之间问题的仲裁者,是否为一项明智的行为?许多针对司法人员的培训以及法庭诉讼程序的有关规定,都几乎与涉及的人类问题没有什么关系。在未来,法庭及其有关的诉讼程序是否可能被发现实际上是最终的解决方案，或者一些儿童福利的公共部门是否会被证明成为更好的指导者，在当前这一试验阶段进行预测都为时过早。但可以表明的是，在本章所描述的这样一个为家长提供最有帮助的咨询服务，并且有效地协助他们预防混乱发生的政府部门，一定也是最适合处理父母及其未成年子女之间争议的部门，尤其这越来越严重的争议关系到一桩被安排的婚姻时。

五、婚姻废除

婚姻发生时存在的不合格现象，是其被废除的唯一可能理由。因此，在法律评判婚姻未能有效进行的范围内，废除婚姻相较于离婚而言是一个更好的标准。在婚姻过程中存在的，被认为是废除理由的不合格现象包括“精神或身体伤残、欺骗、强迫或不正当行为，不足龄、血缘关系或亲缘关系、已有配偶或其他根本障碍”[①]。不足龄，即没有达到法定的结婚年龄，是这里唯一可以讨论的因素。

---

① Schouler, James: Marriage, Divorce, Separation, and Domestic Relations, Vol. 2, p. 1413. Albany, Matthew Bender and Company, 1921.

成功篡改年龄而获得(结婚)许可证的最严重后果之一是,通过废除婚姻的程序,试婚制度有可能以一种廉价的形式——离婚而宣告结束。除非在最低结婚年龄定为 12 岁、13 岁或 14 岁的州,否则这种可能性将成为现实且并不罕见。各个州都在通过法律禁止低于规定年龄的婚姻;然而,一旦这类婚姻发生并且已经完成,几乎所有的州在法律上都会承认婚姻有效。婚姻可能同时是非法的也是有效的,这类棘手的问题通常都具有两面性。这里唯一要强调的一点是,尽管这类婚姻在被废除之前是有效的,但它也是可以被法律撤销或废除的。也就是说,即使有婚约,这种可能性依然存在;即当年龄不够时,有效婚姻也有可能被随意废除。几乎在所有州,如果可以证明儿童结婚时的年龄低于规定的最低结婚年龄,法庭就没有酌处权,这桩婚姻必须被废除。尽管还有很多其他因素促使婚姻被废除,但这个事实本身就可以使得在结婚时提供充足的符合要求的年龄证据成为与婚姻有关的最重要的行政改革之一。然而,这类试婚在某些州仍然大量存在。从全国来看,情况没有更糟糕,因为大多数州的女孩的最低结婚年龄是如此之低——23 个州的规定是 14 岁或者更低。很少有女孩希望或者被迫在低于 14 岁时结婚;因此,几乎不会有人通过声称不足龄来终止他们的婚姻。

另一方面,基层法院每年都会由于缺乏父母同意而取消大量低于最低结婚年龄女孩的婚姻，因为他们在结婚时仍然处于需要获得父母同意的年龄。但是，我们经过努力调查后发现，在最高法院或上诉法院，只有两例支持废除婚姻的判决；其他很多判决中，废除婚姻都是被拒绝的。然而，基层法院由于缺乏父母同意而批准废除婚姻的案例仍然在持续增长。他们这样做的原因很简单，因为没有人愿意挑战他们。

第五章

年龄的证明

在我们生活的这个地方，过去对雇佣童工的需求量比较大；并且有一个令我们印象深刻的事实是，将年龄提高到可以领薪受雇的法定年龄是非常容易的。这一事实表明，设立较高的最低年龄的新举措并没有任何行政保障。例如，一直以来，父母的宣誓书都是唯一要求提交的证据；发放雇用证书的法定最低年龄可能是 13 岁、14 岁或 16 岁，但许多儿童参加工作的实际年龄仍然是 10 岁、11 岁和 12 岁。童工改革的反对者敏锐地意识到，要求从一些客观来源（如出生记录和洗礼记录）提供书面形式的证据是有效且合乎逻辑的；但从他们的角度来看，这恰恰是童工保护法的危险部分。

我们针对国家与婚姻关系的实地调查也揭示了与此相似的情况。虽然只提供了所收集到证据的一小部分，但是通过快速浏览，我们给出的证据还是表明，童婚的实行仍然没有受到控制。据估计，如今有超过三分之二生活在美国的人，其生活基本上都受到这样一个事实的影响，即他们就是这种婚姻的两位当事人之一。在 240 例童婚的研究案例中，我们发现，将近一半的婚姻在获得父母同意的情况下获得了结婚许可证；并且有证据表明，其中 30 个孩子的年龄是远远低于“获得父母同意婚姻就是合法”的年龄。我们进一步发现，这 240 例童婚的案例中，有 79 例通过虚假的宣誓也获得了结婚许可证，但是他们并没有经过父母同意。事实上，不仅 16 岁以下的未成年人，那些超过 16 岁但仍然需要获得父母同意才能领取结婚证书的孩子，都可以轻易地通过在许可证办事处签署誓章，宣誓他们比真实年龄大 7 岁、6 岁、5 岁或者仅仅只有 1 岁这样一个简单的流程来获得结婚许可证。也许有人会怀疑，这些虚假宣誓的儿童和青少年是否真正了解宣誓的本质。有些州的法定最低结婚年龄是 16 岁，但是在这些州当中，低于这一年龄的婚姻似乎和那些法定最低结婚年龄为 12 岁的州一样频繁——虽然他们各自的法律规定不同，但由于前面那些州（法定最低结婚年龄为 16 岁的州）接受虚假的宣誓，因而导致他们与法定最低结婚年龄为 12 岁的那些州情况大致相同。由于上述情况是真实的，最后有很多婚姻都被上诉至法院，并且废除婚姻的诉讼程序也得以实施；但是，如果当初结婚许可证办事处能够要求他们提供更有力的证据，就不会有如此多废除婚姻的案例出现了。

根据二十多年的公共行政经验，一些政府部门发现了要求提供年龄证明的必要性，那么，结婚许可证办事处的工作人员在没有造成长时间的延误或给任何人带来不必要的困扰的情况下，可以采取哪些措施来弥补上述罪恶呢？在通过考察其他行政领域的行之有效的方法来回答这个问题之前，有必要简单回顾一下通常的程序，以及我们在结婚许可证办事处的实地调查过程中发现的能够证明年龄的最佳证据。

一、现在要求提交的证据种类

关于针对虚假证据广泛存在的预防措施是否有其必要，许可证颁发者们也有不同的意见。我们发现，那些对自己办事处发生的其他特殊状况最不熟悉的许可证颁发者，恰恰就是那些最确信虚假宣誓案例只是少数的人。一个许可证颁发者向我们保证，据他所知，到目前为止没有一个候选人对他/她的年龄进行了虚假宣誓。但另一方面，我们也有大量的访谈资料表明事实并非如此，下面这些就是很好的例子。

两个加利福尼亚的工作人员说：

“可能一天快过完，都不会有虚报年龄的情况。”“虚报年龄会给我们的工作带来很多的麻烦。”

来自伊利诺伊州的四个工作人员说：

“如果我的办事窗口是第一个接待申请者办理许可证的，那么我可能得到了真相，因为年轻人坦白地告诉我他们的年龄低于法律规定的年龄。有一个案例，男的约22岁，年轻的女人看上去和他的年龄一样，但是他告诉我她是17岁。得知他们只有获得她父亲的同意才能申请许可证后，他们就离开了办事处。第二天，我在一家报纸上看到他们在邻近的城市获得了结婚许可证。”

“虚报年龄给我们带来了很大的麻烦。人们会嘲笑虚假的申请。”

“我认为可能有成百上千的申请人是在低于最低结婚年龄结婚的。”

“在这个郡，有两个不同的办事处可以发放结婚许可证。如果申请人在其中一个办事处因年龄原因被拒绝，就会转去另一个办事处。他们在第二个办事处会将自己的年龄多报几岁，所以现在每个办事处一旦拒绝一例许可证申请，就会立即拨打电话通知另一办事处。”

我们在一些更加谨慎执行的许可证办事处发现的做法是，只要一项结婚申请由于年龄原因而被拒绝了，他们就会告知邻近城镇或地区的办事处。

根据访谈25个州中68名许可证颁发者所收集上来的信息，我们将那些有关年龄证据在办事处中的实施程序做了如下归纳。

68个办事处中的57个不要求任何证据，主要依赖于年轻的申请人自己的誓言；或者根据他们的目测，以及在特定的情况下将父母的宣誓作为补充。在这些办事处，从未发现有公正的证据或更好的书面形式的证据。这些办事处最具代表性的申明如下：

不用通过任何方式去尝试证明年龄，申请人的誓言即可被接受。

申请人的誓言通常是关于年龄方面的，但他们从未被要求提供任何证据。

我们从不要求申请人提供宣誓之外的其他年龄方面的证据。我们把责任归于他们自己。有时候候选人不准备提供家长的同意书，他会让他未来的新娘在办公室外等待，并且声明他超过21岁，她是19岁。在我们这个州，由于她必须年满21岁（不经父母同意可结婚），他被告知不能发放许可证。不久他返回来解释说她其实是21岁，但是她一开始就给了一个假年龄，因为她不希望她的真实年龄被人知道。在这种情况下，我们要求两名申请人对改过之后的年龄发誓，之后即可签发许可证。

但是，在68个办事处中的5个，除了申请人或其父母的誓言外，还需要其他证据，尽管这也只是偶尔才会要求。当父母在他们的孩子有可能提出结婚申请之前就通知一个办事处，并且要求不予发放许可证时；他们的孩子作为申请人，如果是在城市出生，就会在申请时被送到出生登记处，以获取相关证据，这样“就有机会撤回申请而不犯伪证罪”。这个小组的另一个许可证颁发者说，虽然质疑任何人的誓言实际上“相当于公然的侮辱”，但在可疑的情况下，如果申请人出生在乡镇，也可以调查镇上的相关记录。

68 个办事处中的 3 个，不仅是偶尔，而是只要引起工作人员的怀疑就会被要求提供比宣誓更好的证据。而在另外 3 个办事处，对于所有低于法律规定年龄的申请人，必须有宣誓之外的证据。在几个大城市，如芝加哥和波士顿，针对所有声称达到一定年龄的申请者制定了一套常规程序。也就是说，对于那些声称自己有 18 岁或 19 岁的女孩，波士顿的许可证颁发者都会要求提供出生证明、洗礼证明或其他令人满意的替代证件的副本。当我们的实地调查代表在他的办事处调查时，就有一个五天前申请与一名 18 岁女孩结婚的年轻男孩，由于没有拿出之前被告知要出示的那个女孩的出生证明文件，他的结婚许可证申请在规定的间隔期结束时就被拒绝了。

北卡罗来纳州的婚姻法规定，如果许可证颁发者故意或在缺乏“合理调查”的情况下，给没有获得父母同意的申请人发放了结婚许可证，而申请人的年龄又是必须获得父母同意（才能结婚）的，在这种情况下，他将被处罚向男孩或女孩的父母支付200 美元。这是一个旧的法律，但是最近又通过最高法院的一系列决议给出了非常明确的规定。在所有已获得家长们支持的决议中，最高法院关于“当许可证颁发者遇到年龄问题时，必须进行‘合理调查’”的解释，建立了一个很高的标准。法庭明确否认了来自准新娘、准新郎或自称认识他们的人的誓言是足够的这一做法。在北卡罗来纳州的一个案例中，法院认为办事处工作人员有义务像银行职员一样谨慎地去行使其职责，就如同银行职员被要求兑现一张陌生人的支票时一样。这个州的许可证颁发者认为，该法律增加了他们的工作难度。1921 年，他们新成立的州协会在州立法机构引进了一项法案，取消了“合理调查”的规定，取而代之的是许可证颁发者应该要求申请人签署宣誓书以证明其年龄达到了要求。但该提案最终被宣告无效。

就我们所知，父母的宣誓书并不是决定性的年龄证据；但是当许可证颁发者接受其他亲戚，如兄弟、表兄弟等或朋友的证据时，他们会更加误入歧途。北卡罗来纳州的一些许可证颁发者就由于接受这种证据而陷入了困境。

另外一个困惑源于新娘不出现在办事处现场（的情况）。在这一点上，前面提到的我们调查的那 25 个州在实践中遇到了各种不同的状况。在这些州中的 10 个特定的办事处（其中七个州没有明确的法律条款规定在这种情况下可以发放结婚许可证），我们发现申请人双方都可以不必出现在许可证颁发者面前。其中 6 个州的办事处只要求其中一名申请人出现在许可证办事处即可。在其他 10 个州，虽然法律没有要求两名申请人同时在场，但我们在实际操作中发现 17 个办事处还是要求申请人双方都在场。最后，在我们访问 5 个州的过程中发现，除一个办事处之外的其他所有办事处，不管是遵循法律、惯例，还是办事处的日常规章程序，都需要两名申请人同时在现场。对于任何熟悉许可证办事处（在这些办事处中，这一规则得到了执行）的人来说，在他们观察到这一要求能够很轻易地得到满足之后，就会认为还有更多的州根本没有采纳这个规则似乎是很奇怪的。

我们采访的其中一位最认真的许可证颁发者给出了一个他被欺骗的例子。与其通常的做法相反，他并没有要求两名申请人都在现场。在这一案例中，他所熟识的一个有着很好声誉的男人申请结婚许可证，表明即将与他结婚的年轻女子的年龄为 23 岁。在这个州，需要获得父母同意的结婚年龄仅到 21 岁。他颁发了结婚许可证，但是没过几天，他懊恼地发现那位新娘还不到 16 岁。

在伊利诺伊州和马萨诸塞州的某些办事处，虽然两名申请人都到场不是强制性的，但是只要准新娘的年龄是低于法定结婚年龄的，或者只比法律规定的需要获得父母同意的结婚年龄的上限大一两岁，这项要求准新郎和准新娘本人都出现在许可证办事处的规定就必须得到执行。正如刚才所说，这种方法本身并没有消除虚报年龄的情况，却仍是朝着正确的方向迈进了一步。

一些许可证颁发者通过要求申请人快速报出连续的日期或通过比较其出生日期和已提交的年龄信息等精心制订的计划来发现伪造情况。但有一位许可证颁发者报告了几个实例：通过城外申请人遗落在他办公室里的火车杂志，他发现杂志封面上已经有了铅笔计算的痕迹，这使申请人做好了充足的准备，以避免在交叉询问过程中出现漏洞。另一方面，在这种诘问之下，犹豫不决和心浮气躁也都不是不真实的确切表现。还有更好的方法来发现真相。

从我们实地访问中发现的关于年龄证明实践的简短回顾中可以明显看出，一些许可证颁发者诚实努力地回归到基础的事实依据，并改善可接受证据的类型；而其他一些许可证颁发者仍然满足于旧有的常规程序，即常常被称为“让他们出去（lets them out)”的程序。但是，虽然一些许可证颁发者倾向于对不是在美国出生的父母的证据产生怀疑，但父母的宣誓书却仍然几乎普遍地被认为是最好的证据。在一个案例中，我们的实地调查员根据出生记录发现，一位已经获得许可证的女孩还不到16岁。当许可证颁发者和他的副手遭到质疑的时候，他们都赞同，“她看上去不像16岁”。“但是，”这位颁发者补充说，“她的母亲已经宣誓了，我们还能做什么呢？”

二、可适用的证据种类

一些州联合其他公共职能方面的部门，即那些向符合某些教育要求和年龄要求并有资格进入工厂的儿童发放雇用证书的职能部门，一同非常认真地制定了“更多证据选项”。

然而，这并不是唯一的途径，令人满意的年龄证据已经成为必要的预防措施。在纽约市的人口统计局（New York City Bureau of Vital Statistics），每年都会进行约122000次出生记录检索。并且，这些记录是由于各种原因而被查阅的。例如，目前每个孩子的年龄在入学时都会自动由统计局加以“确认”；并且，他们的出生日期（如果有记录的话）也会报告给学校当局，从而成为其学校档案的一部分。一个人若想要获得使其能够证明自己的公民身份，从而有资格出国旅行的护照（由政府颁发的），就必须出示本人的出生证明或经过验证的副本（如果可能的话）。

对于某些有年龄上限或下限的公务员职位(联邦和地方),在进行必要的考试之前必须提供年龄证据。驾驶员在不提供类似证据的情况下无法获得驾照;母亲也不能向儿童福利委员会申请领取补助金,直到有证据证明子女的年龄。选民的投票权也会受到过于年轻(年龄未达到最低下限)这一因素的影响,有时需要得到统计局的书面证明。当被要求证明他们的年龄已经足够应征入伍时,陆军和海军的新兵也经常向统计局提出申请。另一方面,父母也会寻找出生登记表以证明他们已经入伍的孩子低于规定的年龄。许多公共事业公司和商业公司都习惯于在选择新员工时要求他们出具出生记录。

这里并不能详尽论述。但是,除了入学要求之外,在孩子即将离开学校、参加工作的时候,父母或者他们的孩子对经过验证的出生证明副本也有着最大的需求。早在1903年,纽约立法机关就通过了一项法律,规定那些希望子女工作的父母必须在申请就业证书时提交年龄证据。新的立法规定了可供选择的其他书面证据,如出生记录、洗礼证书或其他宗教记录。纽约州早期修订的童工保护法在行政管理方面的经验特别有价值,因为许多在纽约市申请工作的孩子都是外国人,而且出生在遥远的地方。如果童工保护法中有关年龄证明的条款在这里可以得到很好的贯彻实施,那么在其他任何地方也都(应该)能得到良好的执行。

现行修正法规定的证据有三种。第一类或首要的证据包括：(1) 经过验证的出生记录复印件；(2) 经过正式认证的洗礼记录；(3) 显示该孩子出生日期的护照。如果以上这些文件都不能提供，就业认证办事处的人员就会认定他们不能获得就业文书；在这种情况下，如果孩子似乎达到了规定的年龄，其他一些指定的但次要的书面证据形式也可以被接受。体检只能作为最后的手段来取代书面证据，且必须要有两名卫生委员会指定的医生单独检查该儿童，以证明他或她达到了规定的年龄。为雇用证书而出具的出生证明是免费的。

这些要求在实践中是如何运作的？纽约童工委员会（New York Child Labor Committee）的吉妮·迈纳（Jeanie V. Minor）与政府当局合作，提出了各种可适用的证据类型，而且比其他任何一个人在修正当前年龄证据的要求这一特殊领域里做得更多。她向我们提供了以下关于年龄证据类型的分析，样本为 1923 年在纽约市已经被认可的 1 000 个连续的已颁发的就业证明。首要的年龄证据（出生证、洗礼证、护照）在这 1 000 例中占了 87%；其中出生证是提供得最多的证据形式，在这些例子中占 49%。剩下的 13%则被次要的证据所取代，包括外国学校记录、医院记录、法庭记录、移民记录、疫苗接种证明、公民证和学校普查年龄证书。

迈纳小姐列出了 16 种次要的年龄证据。在缺乏首要证据的情况下，她按其价值进行了如下排序：

1. 移民记录；
2. 入籍文件；
3. 保险单据；
4. 收养文件；
5. 处理家庭和儿童问题的社会福利机构的记录；
6. 人口普查年龄记录——联邦；
7. 人口普查年龄记录——地方；
8. 割礼证书；
9. 圣经记录；
10. 坚信礼证书；
11. 星期日学校记录；
12. 法庭记录；
13. 对儿童机构的承诺记录；
14. 医院和诊所记录；
15. 所在地俱乐部或课堂的记录；
16. 疫苗接种证书。

不要过于依赖纽约市的经验，尽管那里的强制执法力量很好。我们已经在10个大城市，包括纽约州的另一个城市和其他七个州的主要城市，收集了同一时期的关于未成年儿童获得雇用证书的容易程度以及提交不同类型证据的比例的数据。在华盛顿哥伦比亚特区，情况也并不令人满意。据称，有许多儿童正在工作，但43%的雇用证书申请并没有提交任何有关年龄的证据。在没有这种证据的情况下，父母的宣誓声明被接受。在巴尔的摩、费城、匹兹堡、罗彻斯特（纽约）、波士顿、印第安纳波利斯、克利夫兰、哥伦布（俄亥俄州）和芝加哥等地方，社会工作者报道称，在1923年的冬天，有少量案例显示，雇主给了低于法定年龄的孩子工作的机会；然而在这些城市，未成年的孩子几乎不可能得到雇用证书。这些地方所要求的证据与纽约法规所要求的基本相同，但最常提供的证据类型往往因城市不同而有所差异。

在罗彻斯特（只有两个月的记录会被检查），可以接受的证据总数的50%是洗礼证，而只有2.3%是护照。在匹兹堡，总数中有50%是出生证，42%是洗礼证，而学校记录则占剩下的8%。[①] 印第安纳波利斯的出生证明占总数的67%，保险单和学校记录分别为18%和12%，但被接受的作为证据的保险记录必

① 作为证据的学校记录应该是第一所学校的记录，并且要标明入学年龄。

须不少于4年。在克利夫兰，出生证明占总数的70%，只有百分之一的申请中的十分之一是没有提供某种书面证据的。在波士顿，体检报告构成了所有孩子在申请时提交的证据；但是，由于只有极少数的案例缺少令人满意的书面证据，因此许可证颁发者很少需要向体格检查医生咨询有关孩子年龄的证据。费城估计只有2.5%的申请者无法提供令人满意的证据。

对于这些特定的城市来说，证据的可获得性似乎是确定的。威斯康星州良好的行政管理使其表现得更好，并在全州范围内都这样。[①] 然而，并不能据此推测在童工领域的法律已经得到了完美实施，或者说全国各地已经达到我们这些大城市的标准。经过在各个州的多年试行，童工改革者们正在寻求对联邦宪法的修正，以使其能够巩固他们的利益。与那些在制定标准方面几乎还没有开始的婚姻法改革者们不同，童工改革者们至少已经有三十年的实践经验，并准备在通过修正案之后将其结果纳入所有联邦立法。这个经验（为我们）指明了一条道路；它表明了在改革方案的早期阶段完成每一步的重要性，以及需要一个地区一个地区地进行。不久前，工厂检查员、矿山检查员和雇主们都相信，父母的宣誓书是唯一可用的年龄证据；在这一点上，

① 负责威斯康星州17岁以下儿童的工业许可证颁发的泰勒·弗莱因(Taylor Fryein)报告说，在1922年，所有许可证中有89%是根据出生证或洗礼证明发出的。

童工改革者们与国家立法机关展开了最艰难的斗争。他们在方案中的每一部分形成的实用并且详细的方法，都让我们更容易赢得反对童婚的运动。

不仅是儿童就业的标准进步了；学校标准也在改善，并且结婚年龄的证据与我们的学校制度之间的关系越密切，这一标准就越合理。由于学校开始在学生首次入学时采用前文描述过的验证学生年龄的政策，因此有一种非常好的申请结婚许可证的年龄证明文件，即要求小于21岁的申请人向许可证颁发者提交一份免除继续入学的证明文件。随着教育水平的不断提高，儿童在学校学习的时间会更长；因此，最低结婚年龄也应该相应提高，并与非强制性的入学年龄保持一致。只有这样，作为首要书面证据的学校证明也许就会更加值得信赖，足以完全取代本章中所列举的其他证据类型。即使申请人的学校记录在其他国家，这些证据类型仍然是必不可少的。

对于那些愿意让他们的子女在还是儿童的时候就结婚的父母而言，采用这里所描述的程序有可能起到阻止的作用。但需要考虑的一个重要事实是，这种对年龄证据的要求将是对所有其他父母的最大保护。他们绝不会知道什么时候一些狡猾的人或一时的冲动会使他们未成年的子女离开家，成为一个没有适当保护措施的行政系统的受害者。

第六章

下一步

我们绝不反对那些成年后订婚的早婚,或某些特例中成年前就订婚的,并且我们欢迎有一场运动来清除这种婚姻中的各种障碍,尤其是在专业人群中推行的运动。现在是时候问问一直跟随我们论据的读者们,我们是否成功阐述清楚了反对童婚这一观点。如果有人不能接受我们全部的结论,也许他们至少会接受我们的事实陈述,并对之加以思考。进一步的深思是绝对必要的。确实,我们试图表明的是法律和行政方面的变化,这些变化可能会使童婚现象成为几乎不可能的事情。然而,只是提出建议,而不是完全实现。如果这里提出的改革是必赢的,肯定还会有更多人对此感兴趣。应该做出进一步的讨论、进一步的研究,最重要的是应该采取协调一致的行动。这些关于婚姻的行动会比那些针对离婚的行动更富有成效,并且为婚姻改革而采取和保障的每一步都将减少离婚的数量。

基于之前的分析,下一步怎么做才可以促使废除童婚立即成为可能呢?

第一,讨论。父母协会(associations of parents)可以熟悉现有的事实,各种对更好的公共管理感兴趣的妇女组织,以及正在制定学校政策的男女组织(organizations of men and women)也都可以这样做。教育协会可能会在入学率、离校率、学校的年龄记录与未达到法定年龄的婚姻之间的关系等方面投入比以往任何时候都要多的精力。部长协会(ministerial associations)和大型宗教团体的决策机构在这方面也负有责任,我们相信他们一定会非常乐意接受这一责任,而且一旦接受,必将强化他们的原有计划。神学院的教师可能会把这个讨论放在他们的课堂里,并通过研讨解决。提出这一调查议题的社会工作者会在州会议及全国会议上对此给予更多的考虑。他们可能会邀请感兴趣的部长和许可证颁发者加入,也许,还会坦率地研讨涉及的困难。

第二,研究。在进行这些讨论以及获得他们帮助的同时,也应该有更加深入的研究同步进行。目前的尝试只是一个开始,还需要一大批关于青少年婚姻的社会事实,这些应当由各个州收集。仅仅告诉俄勒冈州的公民在亚拉巴马州或东部发生了什么,这仍然是不够的。他们所需要的是自己所在州的记录情况。此外,为了确保(调动)他们的智慧和积极兴趣,所有的社会事实都必须是准确且与时俱进的。

以一项针对某个许可证办事处结婚记录的研究为例,为了发现某一指定时间段内童婚的实际情况,不仅应该包含 16 岁以下孩子的许可证发放记录,还应该延伸到本地的青少年婚姻,即包括年龄记录为 20 岁的新娘,因为总会存在一个伪造年龄的概率。而之所以要包含所有发放给未成年申请人的许可证，更深层次的原因就在于，父母同意以及目前要求提供的父母同意的证据，都应该包含在这项研究当中。有什么例外情况允许在低于法定年龄结婚？如果怀孕是其中之一，那么需要什么证据来证明怀孕？需要什么样的年龄证据？什么样的居住证据？什么样的离婚事实的证明？申请人、父母和证人的宣誓书作为唯一要求提供的证据，占有多少比例？在研究当地情况时，应涵盖所有这些问题。

在生物学方面也需要更加深入的研究。有人主动提供了一个女孩在 14 岁或 15 岁时结婚，并且成为 10 个孩子（其中一个孩子现在是一位知名的政治家）的母亲的故事。类似于这样有关身体和社会能力的例子都很有趣，但通常这样的故事会留下许多未揭露的事实。我们渴望获得的真实数据是，这个在 15 岁或更小的时候就结婚的女孩，是否和那些更晚结婚的女孩们一样健康地生活着？以及，她们的后代是否先天身体健康并完好地生存着？我们已经拥有的并且可以被认为是科学的证据，现在都指向同一结论，即反对这种非常低龄的婚姻。在国家科学实验室的大力协助下，很多种畜饲养者协会（associations of stock breeders）现在都掌握了重要的数据，使他们能够向马、奶牛和其他有生命的家畜的主人给予具体的警告和指导。当然，人类身体健康的问题更为重要。我们承认，人类的有机组织更加复杂，而且还受到其他更多因素的影响；但从生物学的角度来说，这里所建议的研究议题并非不可能，而且其对于人类福祉来说也是一个充满意义的研究主题。

我们在前面的部分章节中已经简要列举了一些造成童婚的社会因素：家庭保护不足；不幸的家庭境况；剥削和欺诈；企图逃离义务教育或国家控制；最后，但并非最不重要的是经济和就业条件。[①] 但同样，这也只是一个开始。接下来，还有必要进行更深入的案例研究，以揭示童婚对个人、后代和家庭生活等方面造成影响的深层次社会因素及其社会后果。一旦注意力集中在这个问题上，从事个案社会工作的机构就可以开始对此进行观察并加以详细记录。而目前的状况是，他们关于青少年婚姻的数据太零碎了，根本无法使用。

第三，也是最后一点，协同行动。没有必要一直拖延到所有这些建议的研究结果都掌握在手了才开始行动。在某些事情上，我们当前所拥有的证据就可以作为下一步行动的基础，并且这对于所有实际目的来说都是足够令人信服的。为了在不重新

① 见第63－66页。

回顾所有已经阐述过的数据和细节的前提下明确地说明这些事情，我们建议立即采取以下措施：

1. 了解许可证颁发者的工作。除了少数例外，这些官员们大多都倾向于接受更多的公众了解他们工作的细节。如果所有反对童婚的人都对许可证颁发者在做什么表示感兴趣，那么他们现在独自对抗的困难将会为众人所知，他们也会受到鼓励；而且，现在许多州的法律也赋予了他们酌（情）处（理）权和尽职调查的权力，从而取代过去的常规程序。

2. 废除收费制度。就收费制度代替许可证颁发者的薪金制度而言，实际上严重地干扰了他们服务的公正性。因此，应该对其进行改革并加以废除，就像治安费案例一样，有必要进行详细的抨击。

3. 补充年龄方面的证据。考察你所在州的婚姻法，并将其与上一章所述的各种可能的年龄证据进行比较，这应该能够揭示出新立法尚未出台的情况下，行政人员目前在进行尽职调查时可以要求提供哪些年龄证据。

4. 寻找替代宣誓书的更好证据。或者至少要求宣誓书之外的证据，这些证据不仅涉及未成年人的年龄问题，而且还包括申请人的所有其他重要资格证明，如父母同意、合法居留，以及离婚证明(当宣称的离婚可疑时)。仅仅只有宣誓书,没有其他形式的相关证据是不太令人满意的。

5. 要求两名申请人在场。要求两名申请人亲自出现在许可证颁发者面前,这样可以避免许多后续的法庭诉讼。在某些州,婚姻法对于哪些人可以申请结婚许可证以及如何申请并无明确规定,一些许可证颁发者已经认识到了要求两名申请人都亲自出现的优点,并将其作为常规行政程序的一部分。

6. 请注意,合理的最低结婚年龄应该是可实施的最低年龄。前面提到的许多建议都是行政方面的,因为婚姻领域的大多数改革必须是这样。然而,在童婚标准有很大的改善之前,可能还有必要改变部分州的法律。缓慢的教育进程(通过此,法律已经有所改变)将会使得改变生效。因此,女孩为 16 岁、男孩为 18 岁这一合理且可实施的最低结婚年龄,在少数几个州可能需要采取两到三个相互间隔的步骤来实现,而不是一蹴而就。无论如何,在每个州的婚姻法中,都应该明确规定可以发放结婚许可证的最低年龄。但是,目前只有少数州的法律对此做出了明确规定。

7. 协调你所在州的不同法律所规定的最低年龄。最低结婚年龄不得低于最低工作年龄,而义务教育的入学年龄应该是与这两者协调一致的。此外,任何法律都不应该允许给一个年龄太小的申请人发放结婚许可证，以免他/她根据另一部法律的规定立即宣布未达到法定年龄的婚姻无效。但是，现在某些州的法律在这些观点上还存在一处或多处相互冲突的地方。

8. 在没有明确法律规定的那些州，需要事先告知(许可证颁发者)申请人的结婚意向。除了法定的最低结婚年龄之外，与童婚有关的最重要的独立立法改革是，在许可证发放之前需要提前(通常提前五天)通知许可证颁发者申请人的结婚意向。这样的法律规定已经在实施，并且在其中八个州允许有一些例外。这是对儿童及其父母的保护。

9. 让婚姻市场破产吧。你所在的州是否存在一个类似于臭名昭著的格莱特纳绿原的地方？在那里，外地婚姻(out-of-town marriages)都是仓促进行的，要么在许可证办事处，要么在司仪神父的办公室，或者同时在这两个地方。如果是这样，有什么立法或其他行动可以使它目前的行动无利可图？

10. 劝阻跨越州边界的私奔婚姻。与你相邻的州或在靠近州边界的地方有一个婚姻市场或者格莱特纳绿原吗？如果有，两州人民可以采取什么协调一致的行动来取消或至少减少这种不正当的生意？

从上述内容可以明显地看出，根据我们的判断，任何有效的童婚改革运动的下一步都应该是一个州一个州地进行。对于联邦政权的全面延伸我们不置可否，但我们的研究得出的结论是：目前，联邦政府对于婚姻的管理将会使得实际工作远离我们现在发现的混乱状态。在这方面，如同许多其他有必要进行的社会改革一样，似乎没有哪一个阶段是可以完全被忽略的。诚然，有关婚姻的法律是不时更新的，但是迄今为止，对其具体实施的关注几乎是微乎其微的。让我们从现在开始，从根本上巩固那些此前描述过的不幸儿童的福祉。而且，再也没有比当地的结婚许可证办事处更好的起点了；过去，有太多的年轻人在这里感受到了州政府的权威所导致的悲惨遭遇。

学 术 关 键 词

诱拐(Abduction)：成年人通过各种方式将未成年的孩子骗走，并引诱他们一同到许可证办事处领取结婚许可证。

年龄证据的采用(Adoption papers as evidence of age)：在缺乏首要证据(出生证、洗礼证、护照)来证明实际年龄的情况下，一些次要的证据，如外国学校记录、医院记录、法庭记录、移民记录、疫苗接种证明、公民证和学校普查年龄证书等也可以被采用。

提前告知结婚意向(Advance notice of intention to marry)：在法律没有明确规定必须两名申请人同时在场的州，需要在许可证发放之前(通常是提前五天)通知许可证颁发者申请人的结婚意向。

宣誓书(Affidavit)：颁发结婚许可证需要核实申请人的年龄，通常的做法是申请人出具一份父母的宣誓书，声称他/她达到了法定结婚年龄。

年龄(Age)：本书涉及的年龄包括青春期的年龄、最低结婚年龄、240例童婚的年龄、与儿童结婚的男子的年龄、伪造年龄以及年龄证据等。

伪造年龄(Age falsification)：申请人在许可证办事处通过各种方式谎称自己的年龄达到了法定结婚年龄。

同意年龄(Age of consent)：使用“同意年龄”这一短语来描

述合法婚姻的最低年龄将会造成混淆。一方面，这一短语被用来描述低于某一年龄时，女孩被认为是不能发生性行为的；另一方面，也被用于表明处于某一年龄或高于这一年龄时，需要获得父母同意才能结婚是不必要的。因此，在讨论合法婚姻的要求时，这是一个应该避免使用的短语之一。

废除婚姻(Annulment of marriage)：不满足法定结婚条件(如“年龄不足”)的婚姻是可以被废除的。

出现(Appearance)：在颁发结婚许可证时，要求新娘出现在许可证办事处，或者两名申请人必须同时在场。

洗礼证书(Baptismal certificate)：未成年人经历宗教的洗礼而发放的证明，是一种证明其达到法定结婚年龄的证据。

幼年时期的婚约(Betrothal in childhood)：在孩子的儿童早期、婴儿期甚至是出生之前就订婚的做法广泛分布于全球各个地区。

重婚(Bigamy)：法律上未离婚的同时又结婚的情况。

出生证明(Birth certificate)：是一种证明达到法定结婚年龄的证据。

童工(Child labor)：发放雇用证书的法定最低年龄是 13 岁、14 岁或 16 岁，但许多儿童参加工作的实际年龄仍然是 10 岁、11 岁和 12 岁。

童婚(Child marriage)：采用“童婚”一词是为了进一步描述那些女孩在 15 岁之前、男孩在 17 岁之前就缔结婚约的青少年婚姻；或者处于应该获得“父母同意”才能结婚的年龄却在没有获得他们同意的情况下就结婚的现象。

按时间顺序评级与按照生理和心理评级(Chronological rating versus physiological and mental ratings)：前者是原始的时间顺序标准，即按照入学、工作以及向未成年人发放结婚许可证的时间这样一些方式来评定年龄；后者是鲍德温开发的新的评级方式，指年龄评级基于孩子或年轻人的生理和心理年龄。

教会工作者(Church workers)：教会的工作人员，有权发放合法的结婚许可证。

城市和乡村(City versus country)：在童婚问题上，乡村的童婚现象比城市更加严重。

公务员和出生记录(Civil service and birth records)：对于某些有年龄上限或下限的公务员职位(联邦和地方)，在进行必要的考试之前必须提供年龄证据；出生记录是证明实际年龄的首要证据之一。

神职人员(Clergymen)：可以为一对新人举行婚礼，也可以为他们颁发洗礼证书。

商业就业和出生记录(Commercial employment and birth

records)：许多公共事业公司和商业公司都习惯于在选择新员工时要求他们出具出生记录，以证明他们的实际年龄。

商业剥削和童婚(Commercial exploitation and child marriage)：与童婚有关的丑陋一面是其与商业剥削和不道德之间的联系，这涉及经营暗娼、进入臭名昭著的娱乐场、被强迫与强奸自己的人结婚、成为一名妓女、嫁给已婚男子等。

婚姻伴侣(Comradeship in marriage)：婚姻中的另一半。

协同行动(Concerted action needed)：没有必要一直拖延到所有的调查研究结果都掌握在手了才开始行动，目前所拥有的证据也可以作为下一步行动的基础。

婚姻法与儿童福利法的冲突(Conflict of marriage laws with child welfare laws)：婚姻法和其他与儿童有关措施的最显著冲突就是其与义务教育法之间的冲突。在某些州，法律规定女孩应该在学校接受教育至16岁或以上，但同时其法定最低结婚年龄又是低于16岁的。

法庭同意(Court consent)：除了需要获得父母同意之外，特定年龄的女孩结婚也需要获得法庭同意。这是以州政府的控制来补充父母的控制，与州政府拥有并行使保护未成年人财产的权力完全一致，是国家亲权的一种体现。

风俗和习惯(Customs and habits)：传统或社会遗产非常类

似于风俗，这是它的第一个“表亲”；还有，习惯则是它过去已消失的“表亲”。

公共部门与法庭程序（Departmental versus court procedure）：为家长提供最有帮助的咨询服务，并且有效地协助他们预防混乱发生的政府部门，一定也最适合处理父母及其未成年子女之间的争议，尤其是越来越严重的争议关系到一桩申请的婚姻时；用法庭同意取代父母同意，实际上就是使得法庭成为父母和孩子之间问题的仲裁者，这样一种行为是否明智还有待验证。

讨论（Discussion）：有关童婚这一项议题，接下来可以做的一件事情就是广泛讨论，并通过研讨来提出解决方案。

离婚（Divorce）：尽管离婚与婚姻关系密切，但后者的很多方面都与前者并无关联；因此，在我们尝试获得有关婚姻事实的正确观点时，有必要暂时将这两个主题区分开来。

年龄的书面证据（Documentary evidence of age）：可以证明实际年龄的文件，在本文中包含很多这类文件，如出生证明、洗礼证书等。

早婚与晚婚的区别（Early marriages as distinguished from late）：在本书中，使用的是“青少年婚姻”而不是“早婚”，因为“早”常常与“晚”相对应。而且，在二十世纪二十年代初期，成年后的“早”婚甚至是令人向往的。

逃避(Evasion)：一个经常遇到的动机是把婚姻作为逃避执法的手段。如逃避义务教育法的要求等。

例外(Exceptions)：法定最低结婚年龄在具体实施过程中也会有一些例外的情况存在。例如，只要一个女孩宣誓声明自己有孕且孩子如果在婚前出生就会是私生子，又或者她已经和一个男人住在一起且被视为他的妻子等这样的情况出现时，认证法官就必须不公开地为她颁发结婚许可证。

低能的(Feeble-mindedness)：法庭拒绝发放结婚许可证的理由通常包括以下几种情况：结婚申请者之一是低能儿、混血儿或有犯罪记录和犯罪倾向的；或其他明显会影响婚姻稳定性的情况。

收费制度(Fee system)：结婚许可证办事处的工作人员并不遵循薪酬制度，而是依靠对申请者的收费来发放工资。

“第一次圣餐”和童工(First communion and child labor)：德裔美国人的小孩在 12 岁甚至 12 岁之前就会进行“第一次圣餐”，并进入工厂；在法律的意义上，其实他们还是童工。

没有获得父母同意就不发放结婚许可证(Forfeit for issuance of license without parental consent)：北卡罗来纳州的婚姻法规定，如果许可证颁发者故意或在缺乏“合理调查”的情况下给没有获得父母同意的申请人发放了结婚许可证，而申请人的年龄又是必须获得父母同意的，在这种情况下，他将被处罚向男孩或女孩的父母支付 200 美元。

伪造父母同意书（Forged letters of parental consent）：有些案例中，孩子们直接伪造父母同意书或者伪造父母的签名信件，以获得他们结婚许可证的通过。

童婚的地理层面（Geographical aspects of child marriage）：童婚现象与一个地区的自然地理环境密切相关。例如，温暖气候区的人会比寒冷气候区的人结婚更早。

仓促的婚姻（Hasty marriages）：童婚的一个特点是仓促地安排和完婚。一场仓促举行的婚姻涉及的男孩（更多时候是女孩）往往都是未成年的，并且处于需要获得父母同意的年龄；但是，他们的父母在一条电报信息或一封信件中首次收到通知时，却被告知婚姻已经圆满举行了。

炎热的气候（Hot climate）：一般来说，一个地方的气候越热，女孩成熟得就越早，并且整个成熟期也越短，她们结婚的年龄就更早。

私生子（Illegitimacy）：孩子在结婚前出生。

移民和童婚（Immigrants and child marriages）：外国出生的女孩比本地女孩结婚要早一点，因为早婚在一些外国出生的女孩所在的国家都十分普遍。而且她们移民的时间太短，还不足以显现新环境造成的影响；事实上，有些人甚至可能在来到这里之前就已经结婚了。因此，与其他因素相比，她们的民族传统占据了明显的优势。但国外的早婚习俗并没有从第一代移民中传承下去；在第二代外国女孩中，已婚的比例甚至比本地女孩都低。

在许可证办公室假冒父母（Impersonation of parents at license offices）：有大量案例出现这样一种现象，即出现在许可证颁发者面前的人实际上是伪装成申请者的父母，但是他们的证词被接受了。

正常儿童中的个体差异（Individual variations among normal children）：鲍德温的数据显示，即使正常发育的儿童中也存在显著的个体差异。例如，不同性别的孩子进入青春期的年龄以及在身体发育速度等方面都存在差异。

工业萧条和结婚率（Industrial depressions and the marriage rate）：工业萧条时期结婚率会明显降低，但工业复苏则会带来结婚率的相应增长。

对于婚姻的一贯看法（Institutional attitude toward marriage）：婚姻遵循“完全独立于个人愿望”的传统，父母的权力是为了家庭、部落、种姓和政治单位等机构的利益而行使的。即使在今天，这种关于婚姻的一贯看法也并不完全是过去的事情。

近亲结婚(Intermarriage among cousins): 在某些孤立的美国社区,不仅仍然存在非常低龄的婚姻;而且还有很多发生在一个家系中表兄弟姐妹之间的近亲婚姻,甚至有些时候一个村庄里四分之三的村民都有着相同的姓氏。

隔离(Isolation): 地理环境的隔离对婚姻也有影响,不同地区的结婚年龄也是有区别的。

发放雇用证书(Issuance of working papers): 为了保护儿童的权益,并在一定程度上预防童工现象的出现,要求工作时需要获得雇用证书。发放雇用证书的法定最低年龄可能是 13 岁、14 岁或 16 岁,但许多儿童参加工作的实际年龄仍然是 10 岁、11 岁和 12 岁。

可适用的年龄证据类型(Kind of proof of age available): 包括首要的年龄证据(如出生证、洗礼证、护照等)和次要的年龄证据(移民记录、入籍文件、保险单据等)。

现在要求的年龄证据种类(Kinds of proof of age now required): 在申请结婚许可证时,现在所要求的证明申请人实际年龄的证据主要是申请人或其父母的宣誓。

只靠法律是无效的(Law alone is ineffectual): 没有经过一系列仔细的调整和修改,仅仅依靠童工领域的法律无论是对社会还是婚姻法的实施都不会有太大的效果。

许可证颁发者(License issuers)：颁发结婚许可证的工作人员。在美国结婚，首先需要获得结婚许可证；随后，拿着结婚许可证在牧师和第三方的见证下宣誓，才能拿到一张由牧师签字、市政厅盖章的结婚证，在法律上正式成为夫妻。

结婚证许可证办事处(License office)：办理结婚许可证的机构。

需要进行地方调查(Local surveys needed)：本书只是开启了一个新的研究领域，还需要通过全国层面和地方层面的调查来加以补充。

夫妻关系不良(Marital maladjustments)：在有关婚姻经营的问题中，会发现许多夫妻关系不良的案例，大量的这些案例都可以追溯到不合理与不作为的婚姻法。

结婚许可证的非法发放(Marriage licenses illegally issued)：新郎、新娘或两人都低于最低结婚年龄却在获得父母同意的情况下，甚至是没有获得父母同意的情况下就领取了结婚许可证；新郎、新娘或两人都是需要获得父母同意才能结婚的年龄，却在没有获得父母同意的情况下就领取了结婚许可证。

婚姻市场(Marriage market towns)：非法婚姻的聚集地。

最低结婚年龄(Minimum marriageable ages)：法律规定的

可以结婚的最低年龄，这是本书讨论的一项核心议题，即最低结婚年龄应该定在多少岁。对此，各个州的规定并不一样，目前有14个州的法定最低结婚年龄为男性14岁、女性12岁。但是，科学定义的理想最低结婚年龄可能远远高于现实中的最低结婚年龄，而理想的最低结婚年龄是需要逐步实现的。

本地女孩和青少年婚姻(Native girls and youthful marriage)：本地女孩一般都比外国出生的女孩结婚晚。

报纸作为线索(Newspaper items as clues)：有时候童婚的第一条线索来自日报中的一则新闻。

申请人不出现在许可证办事处(Non-appearance of candidates at license office)：申请人在申请结婚许可证时不出现在办事处现场。但是有些州规定当事人必须在现场，这就导致这些申请人不能获得许可证。

通知其他许可证办事处(Notifying other license offices)：在一些更加谨慎执行的许可证办事处发现的做法是，只要一项结婚申请由于年龄原因而被拒绝了，他们就会告知邻近城镇或地区的办事处。

父母同意(Parental consent)：低于一定年龄申请结婚许可证时必须获得父母的同意。

过去父母对婚姻的控制(Parental control of marriage in the

past)：在许多地方以及世界历史上的多个时期，父母或其他亲戚，抑或是村庄、部族或部落的头领，对所有的联姻都有着绝对的权力。

父母原谅(Parental forgiveness)：孩子们伪造了“父母同意书”，等到领取了结婚许可证之后才告知父母，这个时候父母只好原谅他们的孩子。

父母忽视(Parental neglect)：父母对孩子的关注度不够。

护照和出生记录(Passports and birth records)：二者都可以作为证明实际年龄的首要证据。

父母亲自出现在结婚许可证办事处(Personal appearance of parents at marriage license office)：父母必须在许可证颁发者面前出现。目前只有三个州(伊利诺伊州、纽约州和罗得岛州)对此做出了明文规定；其中，在纽约州，设置了当父母不是本州居民时的例外条款。其他大多数州仅要求提供一份父母的书面同意即可，以此替代他们的出面。此外，在一些允许口头同意的州，电话中的同意被接受这一可能性也是存在的。

童婚的生理层面(Physiological aspects of child marriage)：童婚对身体的伤害以及婴儿存活率等生理方面的影响。

证明年龄的首要证据(Primary evidence of age)：第一类或首要的证据包括经过验证的出生记录复印件，经过正式认证的洗礼记录和显示该孩子出生日期的护照。

缓刑监督官(Probation officers)：美国大多数州的缓刑是由州矫正部管理的,由缓刑监督官监督执行。

居住证明(Proof of residence)：居住证明中包含了很多个人信息,其中包括个人的年龄,因此成为证明年龄的一种次要证据。

保护父母(Protection to parents)：结婚的年龄要求是对父母的一种保护,可以让父母在孩子结婚这件事情上不用那么担心;因为如果没有达到法定结婚年龄,孩子不可能结婚。

种族和气候(Race and climate)：种族和气候对于结婚年龄也有一定的影响。

家长控制的隐性特征(Recessive character of parental control)：结婚需要获得父母同意的规定间接体现了家长对孩子的控制。有 17 个州规定 16 岁以下的女孩,22 个州规定 18 岁以下的男孩,无论是否获得父母的同意,他们结婚的权利至少在理论上是不被承认的;还有一些州规定,16 至 18 岁的女孩需要在结婚 2 年前获得父母同意,18 至 21 岁的男孩则需要在结婚 3 年前获得父母同意。

十六种记录(Sixteen types of records)：文中第五章列出了 16 种证明年龄的辅助性文件,即可以证明实际年龄的次要证据。

州对婚姻的责任(Responsibility of the state for marriage): 最早承认州的责任是在1641年马萨诸塞湾殖民地制定的法典中。相关条文指出:"如果父母故意或不合理地拒绝孩子合时宜或适当的婚姻,或者对他们施加任何不合常理的重大影响,这些孩子就拥有向当局申诉以寻求救助的自由权利。"

对家长控制的上诉权(Right of appeal from parental control): 只有当一个女孩的父母在她16至18岁期间,或者一个男孩的父母在他18至21岁期间,不同意女儿或儿子的结婚意愿,他/她才有向外部当局申请上诉的必要;但是,上诉的权利应该开放。

青少年婚姻的浪漫情调(Romantic idea of youthful marriage): 美国人总会有一种浪漫的想法,认为相爱的两个人的婚姻是田园诗般美好的东西。但不幸的是,最具特色的童婚并非如此;相反,(童婚)实际上存在很多不堪的方面,比如游走在诱拐的边缘和其中的暴力特征等。

乡村地区的青少年婚姻(Rural districts, youthful marriage in): 一般情况下,在乡村的青少年比在城市的青少年结婚要早。

入学和出生记录(School admissions and birth records): 除了入学要求之外,在孩子即将离开学校、参加工作的时候,父母或他们的孩子对经过验证的出生证明副本也有着最大的需求。

早在 1903 年，纽约立法机关就通过了一项法律，规定那些希望子女工作的父母必须在申请就业证书时提交年龄证据。

第二代外国女孩和青少年婚姻（Second generation foreign girls and youthful marriage）：外国出生的女孩所遵循的青少年婚姻习俗在第二代外国女孩中已经发生了改变，她们实际上比本地的女孩结婚更晚。

童婚的社会层面（Social aspects of child marriage）：塑造个人生活并影响婚姻习俗的所有不同的传统、民俗、宗教或世俗因素等，可以归属于超有机层面或社会层面。所有的这些因素对结婚年龄都有着很大的影响。

个案社会工作记录（Social cases records）：一旦将注意力放在揭示童婚对个人、后代和家庭生活等方面造成影响的深层次社会因素及其社会后果这些问题上，从事个案社会工作的机构就可以开始对此进行观察并加以详细记录。而目前的状况是，他们关于青少年婚姻的数据太过零碎，根本无法使用。

社会习惯（Social habits）：“社会习惯”除了成为习惯之外，还有成为真正社会风俗的强烈倾向。

社会遗产（Social heritage）：是文明的起源及其主要的发展手段，并且比任何其他物理条件都更加完全地成为我们以及我们所处环境的一部分。

第二代外国女孩的社会认可和婚姻(Social recognition and marriage of second generation foreign girls)：本地女孩可以通过很多途径获得高度的社会认可，但对于大多数外国人和他们的孩子而言，似乎只能通过进入那些有利可图的职业才能得以实现。经济上的需要和机会带给她们的是同样一种结果——远离青少年婚姻。

社会传统(Social tradition)：一种形塑社会的力量，不仅是累积性的，而且能够以时而快时而慢但不会超出我们所处时代的速度发生变化。

国家在教育中的贡献(State's share in our education)：良好的传承、良好的早期训练、明智的教育措施等，都在使婚姻变得更加可行的过程中发挥着重要作用，这些都不可忽视。但是，很多人仅从国家及其代表处获得了一段时间的教育；并且，我们的公务员对广大公民们的想法和行为毫无影响力。

童婚的研究(Study of child marriage)：关于童婚现象，目前的尝试只是一个开始，还需要进一步开展更加深入的研究。

父母同意的替代方案(Substitutes for parental consent)：有些州的法律规定，年龄低于法定结婚年龄的孩子申请结婚许可证的时候必须获得法庭同意和父母同意，而俄亥俄州的法律明确授权法庭同意可以取代父母同意。

替代(Substitutes)：最成功的习俗变化的社会过程称为替代。无论是在行政区域相对较小的地方，还是在人口分布相对均匀的地方，都可以发现一些风俗替代另一些风俗的情况。

通过电话或者电报传送父母同意(Parental consent by telephone or telegraphy)：一些允许口头同意的州存在电话中的(父母)同意也可以被接受的情况。由许可证颁发者向远程的父母发送一份电报急件，并通过相同的媒介得到答复。

试婚(Trial marriage)：成功篡改年龄而获得(结婚)许可证的最严重后果之一是，通过废除婚姻的程序，试婚制度有可能以一种廉价的形式——离婚而宣告结束。

不幸的家庭(Unhappiness in the home)：父母在了解孩子方面的失败或让孩子参与家庭计划和目标方面的失败，以及家庭没有规矩、孩子被忽略等更为基本的失败，都是导致童婚的重要因素。

性别之间的差异(Variation as between the sexes)：从7岁到17岁，女孩子的身体发育速度(较男孩)明显更快。7岁的时候，女孩会先于男孩进入发育阶段，并且将持续处于领先地位，所以12岁的女孩与14岁的男孩实际上处在同一成长阶段。

父母的口头同意(Verbal consent of parents)：在某些州，申请人申请结婚许可证的时候，通过电话的方式得到父母的口头同意也是可以的。

撤销婚姻(Voidable marriage): 婚姻可能同时是非法的也是有效的,这类棘手的问题通常都具有两面性。这里唯一要强调的一点是,尽管婚姻在被废除之前是有效的,但它仍然可以被法律撤销或废除。也就是说,即使有婚约,这种可能性依然存在;即当年龄不够时,有效婚姻也有可能被随意废止。

工资需求(Wage demand): 由于社会地位不同,现行工资需求非常不平等地影响着第二代外国女孩和本地女孩。

战争(War): 战争所造成的总体影响是,使人口普查中 15 至 19 岁和 20 至 24 岁年龄组的已婚女孩数量远高出正常比例。

法庭监护(Wards of court): 少年法庭希望被阻止结婚的孩子能够听从安排并接受少年法庭的监护。

证人(Witnesses): 在申请结婚许可证时要求提供的年龄证据中,证人的宣誓书也是一种年龄证明文件。

雇用证书和年龄证据(Working papers and evidence of age): 早在 1903 年,纽约立法机关就通过了一项法律,规定那些希望子女工作的父母必须在申请就业证书时提交年龄证据。但这在不同州的执行情况并不一致,(实际上有)很多雇用证书的申请并没有提供任何年龄证明。

家长书面同意(Written consent of parents): 在孩子申请结

婚许可证的时候，大多数州要求提供一份父母的书面同意即可，以此替代他们的出面。

青少年婚姻(Youthful marriage)：在这里使用的“青少年婚姻”一词，指的是男孩在19岁及以下年龄结婚或者女孩在17岁及以下年龄结婚。

参考文献①

[1] Annual Report of the State Board of Health of Alabama for 1918, p. 66.

[2] Baldwin, Bird T.: The Physical Growth of Children from Birth to Maturity. University of Iowa Studies in Child Welfare, Vol. 1, No. 1, 1921.

[3] Carr-Saunders, A. M.: The Population Problem, p. 103 ff. Oxford, Clarendon Press, 1922.

[4] Census of the United States for 1920. Abstract of Occupation Statistics, p. 562. Washington, 1923.

[5] Hall and Brooke: American Marriage Laws in their Social Aspects—a Digest. New York, Russell Sage Foundation, 1919.

[6] Howard, George Elliott: A History of Matrimonial Institutions, Vol. 2, p. 309. Chicago, University of Chicago Press, 1904.

[7] Huntington, Ellsworth: World Power and Evolution, p. 227. New Haven, Yale University Press, 1919.

[8] "Juvenile Marriages", p. 208 ff. in Proceedings of New

① 为方便读者查阅,本书按原版复制参考文献。

York State Conference of Charities and Correction, Buffalo, 1920.

[9] Massachusetts Historical Society Collections, Third Series, Vol. 8, p. 230. Boston, 1843.

[10] Parsons, Elsie Clews: Social Freedom, p. 33. New York, G. P. Putnam's Sons, 1915.

[11] Race Improvement, by LaRaine Helen Baker, p. 50. New York, Dodd, Mead and Company, 1912.

[12] Rochester, Anna: Infant Mortality, pp. 137 and 341. Children's Bureau Publication No. 119, United States Department of Labor. Washington, 1923.

[13] Schouler, James: Marriage, Divorce, Separation, and Domestic Relations, Vol. 2, p. 1413. Albany, Matthew Bender and Company, 1921.

[14] Sidgwick, Alfred: The Application of Logic, p. 69. London, Macmillan and Company, 1910.

[15] Steinach and Kammerer: "Klima und Mannbarkeit," in Arcbiv fiir Entwicklungsmecbanik der Organismen, Vol. 46, pp. 391 - 458. Berlin, 1920.

[16] Tenth and Eleventh Annual Report, the Municipal

Court of Chicago, 1915–1917, p. 113.

[17] Towne, Arthur W.: "Young Girl Marriages in Criminal and Juvenile Courts" in Journal of Social Hygiene for July, 1922.

[18] Westermarck, Edward: The History of Human Marriage, fifth edition, rewritten. London, Macmillan and Company, 1921.

译后记

非常荣幸能够作为里士满丛书翻译工作组的一员，成为本书的译者。这主要得益于华东理工大学出版社刘军先生和牟小林女士的辛苦付出，以及我的同学刘振的推荐，在此表示感谢！同时，也非常感谢我的导师费梅苹教授在专业上所给予的指导和支持，并担任此书的审阅工作。

事实上，在接触这本书之前，我并没有听说过“童婚”这个概念，类似于这样的现象倒是不少见。就我身边而言，有一位今年才 24 岁左右的姑娘，她女儿已经 7 岁了，并且已与丈夫离婚。前不久，又听说她堂弟在家举行了婚礼，今年还不到 19 岁；也就是说，他并没有达到法定结婚年龄，还无法领取结婚证。虽然我个人对这样一些现象是习以为常的，但是学术界却鲜少见到有这样一个专门的研究领域或议题。整项翻译工作完成后，我深感在儿童保护领域进行这些与“童婚”有关的一系列研究是非常有必要的！

这不仅关乎儿童的身体发育与健康，更是一个至关重要的社会问题。不同于美国，我们国家除了对法定最低结婚年龄做出规定外，并没有父母同意或者法庭同意的约束，或是基于国家亲权视角对不足龄婚姻的废除；也没有结婚必须要领取结婚证的要求，相反，很多时候在亲朋好友们的祝贺下办一场婚礼甚至比领取结婚证更具有“结婚了”这样一种象征意义。仅从这样一些角度来看,“童婚”现象在国内就有着非常不同的特征,因文化和社会制度的差异而更具隐蔽性。因此,其产生原因如何、存在形式如何、结果如何、所造成的影响如何……这些问题都需要通过研究去做进一步探究。此外,正如本书所言,这个问题并非独立存在,还与我们义务教育法的实施、童工、儿童性侵、青春期性行为等其他领域的问题有着密切的联系,同时也会受到地理环境、社会经济条件、婚姻习俗等多方面因素的影响。只有通过深入研究,我们对儿童和青少年的保护才能够更加全面和立体!

整个翻译过程是非常辛苦的,同时也是充满乐趣的。辛苦之处主要在于语言习惯上的差异:英语中常见被动句、插入语,翻译成中文总觉得拗口;并且,英语的思维习惯与我们也有所不同,常常是前几句在讲一件事情,接下来一句话又是不相干的事情,令人摸不着头脑。所幸,我身边有一群挚友,在我遇到困难时愿意同我一起斟词酌句、理顺上下段落之间的关系,给这项原本可能会感觉很枯燥的工作增添了很多欢乐。在这段日子里,我们又重新体验到了大学寝室里集体备考的场景以及日夜备战的紧迫感。

本书的翻译具体分工如下:第一章,由洪玉娟翻译;第二章、第三章、第四章,由洪佩翻译;第五章、第六章,由熊勇翻译。

翻译初稿完成后，以英语专业人员和具有社会工作专业背景人员交互审校的方式来统稿：首先由洪玉娟进行第一遍统稿，纠正翻译上的错误；再由洪佩逐一统稿校对，力求通顺易懂、符合中文的表达习惯；最后，为了防止仅看中文译本会存在不理解的地方，便将翻译稿打印出来交由没有看过英文原著的邓泉洋通读一遍，并由其提出修改意见，以期进一步提高译稿的质量。

虽然感觉颇用了些心思，也较为勤奋努力，但终究能力有限、经验不足，译作中必然存在不尽完善之处，恳请各位读者多多包涵，并不吝指正。

最后，谨以此书缅怀翻译工作组的专业指导赵环老师！

同时，值此六一儿童节之际，祝福所有的孩童都能有一个健康快乐的童年！也祝愿所有从事儿童福利和青少年权益保护的研究者与实务工作者能够坚守这一份使命，共同为儿童保护事业而努力！

洪　佩

2017 年 6 月 1 日

171

内容提要

本书是一本关于儿童福利和青少年权益保护的书籍。全书基于走访美国 28 个州的 90 个城市收集上来的第一手资料以及其他一些二手文献，以童婚为主线，对相关议题展开了充分论证：包括生理、气候与地理、种族、社会等因素对结婚年龄的影响，目前各州童婚现象的具体情况及其呈现出的典型特征，父母同意对童婚所造成的影响等。在此基础上，对目前在颁发结婚许可证时要求提供的年龄证据进行了分析，指出其存在的漏洞，并提出了一些有助于完善此项工作的证据种类。最后，本书主张反对并废除童婚，探讨了未来可进一步开展的研究和实践。